10 propositions pour changer d'école

FRANÇOIS DUBET
MARIE DURU-BELLAT

10 propositions pour changer d'école

ÉDITIONS DU SEUIL
25, bd Romain-Rolland, Paris XIVe

ISBN 978-2-02-128025-8

www.seuil.com

Introduction

Persistance d'un noyau dur d'élèves en échec, évolution des savoirs et des références culturelles, révolution de l'accès à l'information, métamorphose de la jeunesse… aujourd'hui, le sentiment que l'école française ne parvient plus à jouer son rôle s'est imposé à tous et appelle des interrogations fondamentales plus que des ajustements à la marge. L'école semble hésiter entre crispations sur un âge d'or imaginaire et tentatives réitérées pour s'adapter à force de réformes (réformettes, diront certains, réformes peu lisibles, diront les autres) aux changements qui la bousculent. On dit l'école « en crise », mais il est évident que ce terme est devenu inadéquat du fait même de la récurrence de ce diagnostic, dont attestent une masse de rapports officiels, de comparaisons internationales, d'essais apocalyptiques annonçant la mort de l'école républicaine et, avec elle, celle de la culture, de la démocratie et de la nation…

Il y a bien longtemps que l'on n'assimile plus changement et progrès, et la question est désormais de savoir si l'école peut progresser à coups d'adaptations successives ou s'il ne faut pas véritablement changer de cap et de modèle.

Ce livre ne saurait livrer des solutions « clés en main ». La réflexion et le débat seront nécessaires. Mais il affirme que ce changement de cap est indispensable, et qu'il faut le négocier en s'appuyant à la fois sur des principes qui doivent servir de boussole aux politiques et sur les savoirs accumulés par la recherche. Il faut marcher sur ces deux jambes. D'une part, la question de la vocation et des finalités de l'école face à un monde qui se transforme se pose aujourd'hui avec acuité, et les réponses ont peu de chance d'être consensuelles. D'autre part, on ne saurait se contenter de s'inspirer de ce qui semble faire ses preuves chez nos voisins pour mettre en place des solutions pratiques tout aussi polémiques.

Dans une démocratie, il revient au politique d'organiser le débat autour des questions éducatives, tant il est clair que l'éducation est l'affaire de tous et pas seulement des professionnels et des spécialistes. Au préalable, le politique lui-même doit se mobiliser : il doit dessiner le cap, un cap qui ne varie pas au rythme des aléas de la vie publique, il doit être capable d'inscrire les changements proposés dans la durée, il doit les concevoir de manière systémique : on ne réforme pas un jour les programmes, un autre jour la formation des maîtres, un autre jour encore les partenariats ou les modalités d'évaluation… Bref, le politique doit énoncer des lignes de force et non se contenter d'effets d'annonce et d'éléments de langage. Si, à nos yeux, un certain nombre des changements amorcés dans la période récente vont résolument dans le bon sens, nous restons convaincus qu'un peu d'« imagination sociologique » ne peut pas nuire à la fois pour analyser les leviers de transformation et les résistances, et pour développer les arguments susceptibles d'emporter l'adhésion des enseignants, des élèves et de leurs parents, de tous les citoyens, sans lesquels toute réforme restera lettre morte.

La mobilisation de la recherche se réduit souvent à aller piocher dans les comparaisons internationales des idées sur « ce qui marche », puis à tenter de les imposer en France au nom de l'efficacité. Il ne fait aucun doute que ces données sont très précieuses pour analyser les atouts et les blocages spécifiques de l'école française, mais elles le sont plus encore pour démontrer, contre le fatalisme et la résignation qui prévalent souvent en la matière, que les systèmes éducatifs peuvent changer et produire des effets visibles chez les élèves. Les acquis des élèves, leur bien-être ou encore la satisfaction des enseignants varient considérablement d'un pays à l'autre et c'est l'action de l'école, son organisation et son fonctionnement qui expliquent largement ces différences. Ce constat est capital, à l'heure où domine la tentation d'attribuer systématiquement les problèmes de l'école à des causes externes : inégalités culturelles et sociales, crises économiques, rôle délétère des médias… la liste est longue. La preuve en est que l'on assiste, selon les politiques éducatives mises en œuvre, à des changements dans les performances des élèves – même sur de courtes périodes, entre deux vagues des enquêtes Pisa, par exemple[1]. Ainsi, on a observé en Pologne une forte augmentation des performances, notamment chez les élèves les plus faibles, après la mise en place d'un tronc commun unifié jusqu'à 16 ans ; ou encore, *a contrario*, un pays comme la Suède, dont les élèves avaient dans les premières enquêtes des performances élevées et égalitaires, a vu ces dernières se dégrader sensiblement, suite à une politique de décentralisation et de libéralisation, qui a mis en place un système de chèques scolaires permettant aux élèves de choisir leur école, entraînant ainsi une ségrégation accrue des établissements dont les élèves les plus défavorisés ont payé le prix.

Même si ces observations ne doivent pas être interprétées comme des relations causales simples impliquant des solutions toutes faites en vue de tel ou tel résultat, on ne saurait les écarter d'un revers de main, en arguant d'une exception scolaire française. Elles donnent à réfléchir. Surtout, les grandes enquêtes sur les

1. Les enquêtes Pisa (Program for International Student Assessment ou Programme international pour le suivi des acquis), lancées par l'OCDE en 2000, évaluent sur une base comparative commune les élèves de 15 ans dans les compétences dont ils auront besoin dans leur vie d'adulte, en matière d'utilisation de l'écrit, de calcul ou de connaissances scientifiques. Elles sont répliquées aujourd'hui tous les trois ans.

acquis des élèves se limitent à certains indicateurs, qui privilégient certaines finalités. Ces finalités, nous devons les discuter : faut-il, par exemple, se focaliser sur les acquis des élèves à 15 ans ou sur leur bien-être, sur leur tendance à ne pas « décrocher », ou sur la façon dont ils s'insèrent dans la vie quelques années plus tard ?

Une attitude critique et prudente doit être la règle face à la masse de travaux sur l'éducation produits par les chercheurs [1]. Autant on ne saurait les ignorer, autant il est normal que ces travaux soient débattus et critiqués. En tout cas, se référer à des approches expérimentales est un garde-fou utile dans des débats souvent dominés par des modes, des passions ou des préceptes tirés d'une expérience spécifique érigée en règle absolue.

Pour autant, les questions d'éducation les plus cruciales sont avant tout des questions de principe : faut-il éduquer ensemble les filles et les garçons, quelle vision de la laïcité doit-on mettre en œuvre à l'école, comment sélectionner des élites sans nuire à tous les autres, faut-il octroyer plus d'autonomie aux élèves, quelle place peut-on donner aux parents ?... On pourrait arguer que, sur les principes, le chercheur doit s'effacer au nom de la seule objectivité des faits. Mais ici les faits n'ont de sens qu'en fonction des principes et des finalités que l'on attribue à l'école : les inégalités scolaires ou le faible niveau de beaucoup d'élèves ne nous scandalisent que dans la mesure où nous croyons dans les vertus de l'égalité et dans celles de la connaissance.

Si les fonctions de l'école restent relativement stables – transmettre une culture et des savoirs, former des citoyens et des

1. Nous ne citerons pas ici, une à une, toutes les références scientifiques mobilisées, mais nous donnons en fin d'ouvrage les titres généraux et accessibles pour chacune des questions traitées. Le lecteur intéressé trouvera des références plus complètes dans le manuel de Marie Duru-Bellat et Agnès van Zanten, *Sociologie de l'école* (Armand Colin, 2012).

individus autonomes, préparer à la vie économique et sociale… –, nous sommes persuadés que notre école doit profondément changer de nature, de fonctionnement et de manières de travailler. Cela n'appelle aucun « grand soir » scolaire, aucune rupture radicale, mais quelques convictions fortement affirmées, afin que les changements aient un sens et que notre société se mobilise autour de son avenir pour échapper au sentiment obsédant de sa chute et de sa crise.

1. Transmettre et préparer à la vie

Régulièrement, l'actualité interpelle l'école : ces jeunes sensibles aux rumeurs les plus folles des réseaux sociaux, aux appels de terroristes, ou qui profanent des cimetières sans avoir l'air de trop savoir ce qu'ils font, l'ont fréquentée pendant plus d'une dizaine d'années… Souffre-t-elle d'une inefficacité liée à un manque de moyens, ou d'une absence de sens ou de pertinence pour ces jeunes ? Peut-être tout cela à la fois. Quoi qu'il en soit, ces constats obligent à s'interroger sur la finalité de l'éducation, de cette éducation que nous avons voulue accessible à tous, obligatoire et la plus longue possible.

Si nous sommes fiers d'avoir atteint des objectifs chiffrés ambitieux : plus de 40 % d'une classe d'âge diplômée du supérieur, par exemple, nous sommes restés bien peu diserts sur le fond : pourquoi former plus et « plus de quoi » ? Que voulons-nous permettre aux jeunes d'acquérir, pour quels avantages privés et pour quels bénéfices pour le pays ? Alors que nous sommes de plus en plus exigeants quant aux résultats formels de nos politiques scolaires, nous peinons à répondre à ces questions pourtant primordiales. Certes, les intellectuels et les enseignants affirmeront que l'acquisition de toujours plus de savoirs n'a pas à être justifiée ; et qu'importe si les élèves renâclent. Pourtant, si l'on admet qu'un savoir professé mais non acquis aurait l'absurdité d'un musée sans visiteur, c'est bien l'élève et ce qu'il acquiert qui doit être « au centre », pour reprendre les termes d'un débat emblématique.

Le choix politique d'un projet éducatif

Quel projet d'éducation avons-nous dans notre pays, aujourd'hui ? La réponse ne dépend pas de l'école, qui n'est pas à elle-même sa propre fin, mais des jeunes. Avec eux, nous allons passer un bon moment de notre vie. Comment aimerions-nous qu'ils vivent et se comportent ? De quoi ont-ils besoin pour affronter au mieux un futur dont les contours restent flous ? « Nous », ce sont tous les adultes qu'ils sont amenés à côtoyer, leur cercle familial et amical et aussi leurs employeurs et leurs concitoyens. Nous aimerions qu'ils soient à l'aise dans la vie, qu'ils partagent avec nous un certain nombre de valeurs et de références, qu'ils aient les moyens de participer à la vie commune et de s'investir dans une activité professionnelle, bref nous voudrions qu'ils se sentent à leur place dans la vie sociale, culturelle et professionnelle qui s'ouvre à eux.

Aujourd'hui, l'école est devenue pour l'essentiel un appareil distribuant les diplômes qui permettent de se placer, et pour ce faire, elle classe les élèves sur la base de savoirs inégalement maîtrisés. Cette évolution s'est faite aux dépens de sa fonction de creuset culturel et d'éducation du citoyen – qui n'a pas toujours été, et n'est pas forcément un excellent élève !

Il est temps de brûler le chiffon rouge agité entre instruction et éducation, vieille opposition héritée de la mise en place de l'école républicaine, quand on laissait à l'Église et aux familles le soin de l'éducation. Personne ne défend aujourd'hui cette distinction. Si, comme l'ont souligné bien des philosophes, on ne peut éduquer sans instruire, le contraire est vrai et les enseignants savent bien que, pour instruire, ils doivent avoir affaire à des élèves suffisamment éduqués par leur famille et par leur scolarité antérieure. Comment imaginer que les jeunes pourraient passer dix-huit années de leur vie, le temps qu'ils passent en moyenne à l'école, dans un cadre où l'éducation n'aurait aucune place ? Loin de n'être qu'un supplément d'âme venant s'ajouter à la seule visée noble que serait l'instruction, l'éducation constitue pour l'école un projet en soi. Il est temps d'en donner une définition explicite et de mettre en œuvre une culture scolaire qui en soit le cadre. Ainsi faut-il, par exemple, spécifier l'importance que nous donnons aux qualités personnelles, et auxquelles en priorité ? À l'acquisition de quelles connaissances et de quels comportements faut-il s'attacher – sans ignorer que ce ne sont pas forcément des mêmes qualités et des mêmes connaissances dont on a besoin pour réussir à l'école et, plus tard, pour réussir sa vie…

Quand on se focalise sur ce que les élèves seront capables de faire, il faut parler – autre chiffon rouge – de compétence, notion volontiers suspectée de connivence avec une visée libérale d'adaptation au monde tel qu'il est, opposée à la pureté des savoirs gratuits. Mais, de fait, quand on demande aux enseignants ce qu'ils entendent développer chez leurs élèves, les réponses s'expriment en termes de compétences : savoir s'exprimer, raisonner, débattre… et même s'ils entendent développer des compétences sur la base de leur propre discipline, ils savent bien que les exigences de la vie ne seront pas disciplinaires, contenues dans ce seul cadre.

Si l'on se réfère aux exigences de la vie, la définition de ce qu'il convient d'inclure dans la formation des jeunes ne relève pas des seuls enseignants, mais de l'ensemble des citoyens, compte tenu de leurs priorités et des ressources qu'ils acceptent d'allouer à l'institution scolaire. C'est vers l'État qu'ils se tournent alors, pour organiser le système éducatif permettant de réaliser ces attentes en dépassant des intérêts privés pas forcément convergents.

De plus, face à la multitude des informations de toutes sortes apportées sur les réseaux et face aux idéologies de tous ordres qui sollicitent les jeunes, sans intermédiaires, il importe que l'État se porte garant de la valeur des savoirs diffusés par l'école. Si l'État est doté de l'autorité nécessaire pour ce faire, les citoyens, qui sont aussi des contribuables, restent en droit de lui demander pourquoi les enfants apprennent ou n'apprennent pas ceci ou cela. Ils doivent aussi veiller aux dérives toujours possibles : les groupes qui ont le pouvoir de contrôler l'école peuvent dispenser une certaine lecture de l'histoire, ou toucher aux programmes et les infléchir dans un sens ou un autre pour valoriser leur ligne politique, sans justifications solides (intellectuelles ou pédagogiques), comme en témoignent les changements de programmes du primaire qui se sont succédé en France depuis dix ans, selon les partis au pouvoir. Un contrôle et des débats démocratiques sont donc nécessaires sur les contenus et leur expression dans les programmes.

Depuis 2013, ce contrôle est exercé par le Conseil supérieur des programmes, qui comprend notamment, outre des spécialistes des disciplines, des parlementaires représentant la société dite civile. Cependant, parmi ces derniers, les anciens enseignants sont majoritaires, tant il est difficile de convaincre les parlementaires non issus du sérail du caractère crucial de ce travail. Or, en l'absence de représentation large, on peut craindre que le Conseil ait du mal à être véritablement indépendant à la fois du ministère de l'Éducation et des syndicats professionnels qui défendent, par une logique de l'offre, des programmes en eux-mêmes respectables, mais jamais évalués quant à leurs effets sur les élèves réels, et sur leurs liens avec la « vraie vie » après le temps de l'école. Le rôle du Conseil est pourtant essentiel et c'est à la diversification de ses membres bien au-delà du cercle des spécialistes de l'école, dès lors que l'éducation est l'affaire de tous, qu'il faut appeler.

Des équilibres à trouver

Un premier choix concerne les savoirs au programme et leur hiérarchie. C'est sans nul doute au politique de spécifier les savoirs à enseigner dès lors que tous sont éligibles : l'astronomie serait-elle moins légitime que la géométrie, le chinois que le grec ancien… il faut en débattre ! De plus, leur abondance contraint elle aussi à faire des choix. En la matière, on ne saurait laisser les spécialistes des disciplines seuls maîtres du jeu : ils sont juges et partie, et on comprend que leur premier réflexe soit de s'opposer à tout ce qui apparaît comme une réduction de leur influence. On comprend aussi que, de ce fait, le seul changement admis soit de laisser les programmes dériver vers plus d'exigence et plus d'abstraction, comme c'est le cas aujourd'hui dans nombre de disciplines du secondaire et même du primaire. En cours moyen, par exemple, on cherche à faire comprendre la notion d'absolutisme plutôt que de familiariser les élèves avec la vie au temps de Louis XIV ; dès le primaire, on a peu à peu abandonné la pratique pour plus de théorie. Cette dérive a un prix : les élèves qui quittent précocement l'école y auront fait des mathématiques abstraites, mais ne sauront peut-être pas calculer le coût d'un crédit.

Déterminer des priorités entre les savoirs est nécessaire, d'abord parce que le temps scolaire est limité. Mais surtout, dans ces choix, il faudra jauger le poids d'une discipline selon les compétences et comportements qu'elle permet d'acquérir : une discipline n'est pas à elle-même sa propre fin et il importe de détecter ce qu'il en reste après que les savoirs se sont estompés. On compte ainsi sur les sciences, du moins si elles sont présentées de manière expérimentale – et non abstraite aux seules fins de sélection –, pour permettre de se confronter au réel, de développer une attitude rationnelle, de tester ses opinions par les faits, d'aiguiser l'esprit critique. Il faut partir de la liste des compétences attendues en fin de scolarité obligatoire et examiner comment elles sont *a priori* développées dans le cadre des diverses disciplines, sans négliger pour autant les compétences moins académiques – méthodologiques, sociales ou civiques – qui risquent toujours de passer à travers les mailles du filet[1].

Il reste que, si l'on entend préparer les jeunes à la vie, les contenus ne peuvent se réduire à un empilement de disciplines dont le découpage, en partie arbitraire et daté, laisse vides de nombreux interstices. Établir des liens entre les savoirs, ou entre ces savoirs et la réalité qui vous entoure, cela s'apprend, et la meilleure manière de donner un sens aux apprentissages disciplinaires, c'est de construire des projets transdisciplinaires qui exigeront de les mobiliser. Or, le cloisonnement des disciplines dans l'école française rend ce type de projet très difficile à monter. Certes, des dispositifs existent, mais les pédagogies actives et l'interdisciplinarité qu'elles supposent restent cantonnées à des séquences bien délimitées, et on les justifie avant tout par la volonté de motiver les élèves faibles, comme si ce type de travail était de fait moins exigeant que les « vrais » apprentissages strictement disciplinaires. Est-ce si facile, pourtant, d'éduquer à la santé, au décryptage des médias ou au développement durable, cela ne requiert-il pas des compétences transversales et de méthode ? La plupart des pays le font. Au Québec, par exemple, sont prévus des « domaines porteurs d'enjeux pour les individus et les collectivités », tels que santé et bien-être, environnement et consommation, médias… Dès lors que les jeunes en auront besoin – même si l'école doit admettre que tout ne s'apprend pas en son sein et veiller à ne pas se laisser envahir par les multiples préoccupations de la vie quotidienne –, dès lors qu'il y a matière à apprentissage et à réflexion, rien de

1. C'est dans ce sens que s'orientent les textes proposés par le Conseil national des programmes et votés par le Conseil supérieur de l'Éducation en avril 2015.

cela n'est temps perdu. La responsabilité éducative de l'école est d'armer tous les jeunes pour affronter ces questions, et c'est déjà beaucoup !

Est-ce à dire que la référence au futur et à l'utile doit être l'alpha et l'oméga de la définition des programmes ? Certes non, aussi un certain équilibre est-il à trouver. On forme les jeunes pour l'avenir, mais ils évoluent et évolueront dans un contexte inscrit dans un passé. Il est nécessaire de transmettre l'héritage de savoirs et de références qui donne des clés pour comprendre le présent, tout en admettant qu'on ne transmet pas une culture immuable et qu'il faut avoir le courage de redéfinir constamment les contenus à transmettre : certains savoirs deviennent indispensables, d'autres sont remis en cause, et les exigences de la vie évoluent.

On ne saurait pas plus se limiter aux contenus jugés utiles : l'école répond rarement à une demande explicite des élèves et son rôle est de susciter chez eux des interrogations qu'ils ne se poseraient pas forcément dans leur vie quotidienne. Sa spécificité est aussi de leur faire découvrir des activités gratuites, parfois difficiles mais valorisantes : il est gratifiant de se sentir intelligent quand on a résolu un problème de maths et, plus généralement, on est toujours fier de comprendre des choses jusque-là mystérieuses…

Rien n'est plus difficile que de définir ce qui sera utile dans la vie future des élèves ; aucune étude empirique n'éclaire cet horizon. La tentation est alors grande de se réfugier dans une définition de l'utile comme « ce qui permet de réussir les études ultérieures », en se référant bien sûr aux études les plus prestigieuses. On tombe alors dans l'autoréférencement qui menace toujours l'école et lui fait oublier que tous les élèves n'accéderont pas à cet idéal scolaire. L'enjeu est donc de trouver un équilibre entre cette excellence scolaire définie par ricochets rétroactifs, par cet aval que d'aucuns considèrent comme la seule « grande culture », et une culture commune faisant sens pour tous les élèves, assortie d'une définition de l'utilité comme ce qui permet à tous de grandir et de mieux vivre ensemble.

Un menu unique ?

Pour autant, est-il souhaitable et réaliste de proposer une formation identique à tous les élèves ? Dans la scolarité obligatoire, laisser peu de place aux options se défend, dès lors que le socle définit ce qui est indispensable à tous. Mais il faut éviter que l'application aveugle d'une formation uniforme pensée comme un vecteur d'égalité ne débouche sur l'échec de certains tout en freinant l'envie d'autres élèves d'aller plus loin. Si l'un des objectifs est de favoriser l'autonomie des élèves, il faut laisser une place au choix des options. Cependant, la voie est étroite, car le risque est d'enfermer les jeunes dans leurs goûts spontanés du moment, ou d'entériner des stratégies de positionnement anticipant des orientations. Plutôt, là encore, que de s'appuyer sur l'offre existante, ces options pourraient se fonder sur des projets personnels des élèves articulés à des acquis disciplinaires ou à des savoirs hors programme, projets qui seraient évalués lors d'une réalisation concrète.

Cette réalisation pourrait revêtir une dimension manuelle. Manipuler des objets, voir comment les choses fonctionnent, interagir avec l'environnement – et pas seulement avec les écrans –, devrait faire partie de la formation de tous. Passer de la théorie à la pratique et se soumettre au verdict du fil à plomb, c'est aussi formateur que de manipuler des abstractions. De plus, l'exécution intégrale d'une tâche à la fois conçue intellectuellement et concrètement accomplie est source de fierté. Il est significatif de voir se multiplier dans les établissements du supérieur les *fab labs*, ces ateliers créés à l'origine par des mordus du numérique et où l'on accueille à présent tous les publics pour permettre à chacun de fabriquer un objet, un site, une œuvre, un projet intellectuel ou commercial grâce aux outils mis à sa disposition, de passer d'une idée à une réalisation en mobilisant l'intelligence collective. Un modèle à ne pas laisser aux seuls « bidouilleurs géniaux » du numérique, et à suivre dès l'enfance et par tous.

Dans cette même perspective, la formation commune devrait inclure une réelle initiation à la vie professionnelle, *via* des formules de découverte offrant autant d'occasions de développer des qualités et des compétences peu mobilisées en contexte scolaire. Le défi est d'intégrer ces ouvertures professionnelles sans qu'elles soient reléguées dans le bas de la hiérarchie scolaire, ce qui est difficile dès lors qu'elles introduisent à des emplois parfois peu valorisés dans un monde de l'entreprise dont le monde scolaire se méfie – celles-ci devenant alors la voie pour ceux dont on veut se débarrasser. Le risque est aussi d'enfermer les élèves dans des catégories au nom de leurs préférences ou de leurs lacunes, comme s'il s'agissait de types bien tranchés : manuels contre intellectuels, littéraires contre scientifiques… Ce qui permet certes de trier, mais exclut toutes les combinaisons hors normes – des qualités intellectuelles peuvent se conjuguer heureusement avec des compétences manuelles –, pourtant signes d'autonomie et de singularité, et donc d'une éducation réussie. Pourquoi ne pas découvrir des métiers manuels sans *a priori*, quitte à découvrir que travailler de ses mains ne vous convient guère (ce qui peut vous dissuader de viser, bien plus tard, les professions de dentiste ou de chirurgien…), ou, au contraire, qu'on peut être bon élève et mobiliser son intelligence dans une tâche artisanale.

L'école ne peut éluder la tension entre ce qu'on veut faire acquérir à tous et ce qui servira à s'insérer dans telle ou telle place et qui suppose une orientation, voire une sélection. C'est au politique qu'il revient de placer le curseur entre l'objectif de la formation et de l'intégration de tous, et celui d'acquisition de connaissances utiles en vue d'une insertion professionnelle sélective. Aucun pays ne saurait renoncer à une formation de base solide permettant à chacun de valoriser toutes ses qualités, de s'insérer dans la vie et d'y évoluer ensuite. Cet objectif à la fois évident et ambitieux revient à faire passer au second plan (en tout cas à différer) la tout aussi nécessaire sélection d'une élite. Il peut entrer en contradiction avec l'objectif de l'excellence académique telle que la rêvent certains enseignants ou certains technocrates obsédés par les classements internationaux : il est plus gratifiant de former de futurs (hypothétiques) prix Nobel que la masse des élèves dont chaque société a besoin.

Organiser l'école du socle commun

Le socle commun existe, il peut être amendé et doit l'être sans cesse puisque la vie elle-même évolue, mais la question reste ouverte de le rendre effectif en pratique. Le socle commun, qui définit les finalités de la scolarité obligatoire pour que l'élève puisse « poursuivre sa formation, construire son avenir personnel et professionnel et réussir sa vie en société », est inscrit dans la loi depuis 2005. Resté relativement inopérant jusqu'en 2012, il a été redéfini par la loi de juillet 2013 comme « socle commun de connaissances, de compétences et de culture », l'ajout du mot culture venant insister sur le fait que ce que l'école transmet doit avoir un sens pour l'élève, au-delà des compétences instrumentales dont elle entend le doter.

Le socle est public, de même que les avis du Conseil supérieur des programmes. Dans une « charte des programmes », celui-ci définit ce que l'école doit enseigner en soulignant le caractère indissociable de l'éducation et de l'instruction, le fait que l'enseignement doit être bénéfique pour tous et aider les élèves à se repérer dans la complexité du monde… Il n'y a rien à redire à ces déclarations principielles, fortement réaffirmées dans les textes votés en 2015. Ce qu'il faut tenter de comprendre, c'est la vivacité des débats et des résistances suscités par cette notion de socle commun.

Une première difficulté, c'est qu'il ne se substitue pas aux programmes, même si les nouveaux s'efforcent précisément d'arrimer les disciplines au socle. En maternelle, ceux-ci sont définis selon des domaines d'activité (s'approprier le langage, agir et s'exprimer avec son corps...) et ils entrent donc sans difficulté dans ce cadre. C'est différent dès l'élémentaire et les observateurs notent que les contenus se sont rapprochés, depuis la fin des années 1980, de ceux du début du collège ; ils sont devenus plus formels, calés sur les exigences du niveau ultérieur, alors que la logique du socle amènerait à promouvoir l'inverse, les contenus du collège se rapprochant de la logique de l'élémentaire. Il s'avère difficile de casser la course infernale entre l'élémentaire qui prépare au collège, le collège qui prépare aux filières générales du lycée et ce dernier au supérieur.

Se conjuguent ici les pressions des parents des futures élites et les résistances des représentants des disciplines qui craignent que la mise en avant des compétences générales ne mine le sens des démarches strictement disciplinaires. Les luttes d'influence défensives, sans faire toutefois l'unanimité, sont récurrentes à chaque projet de réforme, avec comme maître mot le maintien de la structuration par discipline assortie d'horaires nationaux. Tout ce qui signifierait plus d'autonomie pédagogique, toute innovation sortant des clous disciplinaires est donc rejeté, et *a fortiori* toutes les activités culturelles, artistiques ou sportives renvoyées dans les affres d'un « périscolaire » marginal. Il est certain que le socle est porteur d'une vraie révolution copernicienne : alors que la structuration actuelle par disciplines met les enseignants, en fonction de ces dernières, au cœur de la machine, l'optique « socle » se place du point de vue de l'élève, avec la volonté de donner du sens et de l'efficacité à ce bagage commun.

Une raison plus fondamentale encore à ces résistances est que le socle commun porte en germe le rapprochement primairecollège, avec une école unique de 6 à 16 ans. Si ce projet a un sens, pourquoi en effet maintenir ce clivage hérité de l'histoire et particulièrement marqué chez nous, qui n'existe pas dans la majorité des pays dont les élèves se montrent, à 15 ans, les plus performants ? L'entrée au collège provoque des ruptures difficiles à vivre pour les élèves, notamment les plus faibles : des ruptures dans le style d'enseignement, l'organisation du temps, et la logique d'apprentissage puisque l'élémentaire est (encore) structuré par ce que l'enfant en grandissant devient capable de faire, alors que les programmes du collège restent (encore) définis par les exigences du niveau suivant, le lycée. Le socle devrait pouvoir constituer le cahier des charges définissant les étapes d'une scolarisation cohérente et sans rupture, depuis l'entrée à l'école élémentaire (voire la maternelle) jusqu'à la fin du collège. Au bénéfice des élèves (mieux armés à 15 ans, plutôt qu'à 11, pour faire face à un vrai palier d'orientation), mais sans doute au prix de quelques nouvelles tensions puisque cela exigerait de rapprocher les corps enseignants, voire de les fondre.

Pour ne pas avoir l'air de ne manifester que des intérêts corporatistes, les détracteurs du socle commun doivent avancer d'autres arguments, et le plus généreux, en apparence du moins, est que le socle (ou tout affaiblissement des disciplines) inscrirait dans le marbre une culture au rabais. On oppose alors le socle (pauvre) aux programmes (riches), et qu'importe si ces programmes ne sont jamais couverts parce que bien trop chargés – au dire des enseignants eux-mêmes. En réalité, la lourdeur des programmes n'équivaut pas à leur ambition ; évaluer les acquis est bien plus exigeant et, à cet égard, on ne peut se satisfaire d'une situation où un fort pourcentage d'élèves ne maîtrise pas les compétences prévues au programme. En français, en fin de troisième, c'est le cas de près d'un quart d'entre eux. À ces élèves, la maîtrise du socle ferait faire un progrès spectaculaire. Ce ne sont pas des arguments négligeables, sauf à ne s'intéresser qu'aux meilleurs ou du moins aux élèves qui trouvent hors de l'école les ressources leur permettant de tirer profit de ces programmes exigeants. Et cela permettrait, logiquement, à nombre d'entre eux de franchir plus souvent et bien mieux les étapes suivantes, y compris de haut niveau.

De fait, atteindre le niveau fixé par le socle est déjà extrêmement ambitieux. Pour s'en convaincre, on peut se référer, même si les compétences évaluées ne sont pas exactement les mêmes, aux enquêtes internationales Pisa qui, comme le socle commun, se calent sur les compétences considérées comme nécessaires dans la vie de tous les jours : elles montrent que 19 % de nos élèves en restent au niveau le plus bas, et donc peinent à utiliser l'écrit ou à mobiliser leurs connaissances scientifiques dans des situations familières. Permettre à tous les élèves de maîtriser le socle ferait tendre ce chiffre vers zéro et placerait la moyenne des jeunes Français au niveau de ceux des pays les plus performants. Cela montre l'ampleur de la marge de progression ouverte alors pour les plus faibles, sans rien enlever aux plus forts, et donc pour l'ensemble du pays.

Pour autant, le socle commun doit correspondre à des objectifs réalistes, avec des priorités claires ayant quelques chances d'être atteintes. Pour qu'il soit « opérationnel », il faut que l'on spécifie comment les disciplines au programme participent à la production des compétences qu'il a identifiées, et qu'on veille à modifier de manière cohérente les contenus et l'organisation même de l'enseignement. Il convient aussi que, dès lors que la nation s'engage à garantir à tous les élèves la maîtrise du socle, cela soit évalué. À cet égard, les textes doivent encore préciser ce qui est attendu des élèves et la manière de l'évaluer. Enfin, mais ce n'est pas le moins important, il est nécessaire que la nation respecte une obligation de moyens pour que cet engagement puisse être tenu.

Le socle commun augure donc bien d'une révolution. On s'intéresse moins au programme qu'aux acquisitions, moins aux disciplines et à leurs spécialistes qu'aux élèves tels qu'ils sont et à ce dont ils ont besoin. Par ailleurs, l'État prend explicitement ses responsabilités face à la multitude des intérêts particuliers, familiaux ou corporatistes, qui s'efforcent de peser sur l'école. Il reste que si le socle exprime, et c'est nécessaire, ce que la société attend de son école, il ne dit rien de la manière de le mettre en œuvre concrètement dans les classes, ni des voies pour mobiliser les élèves afin d'atteindre ses objectifs. Il laisse donc toute latitude aux professionnels pour déployer leurs compétences.

2. Faire, plus que jamais, l'éloge de la pédagogie[1]

On établit fréquemment un parallèle entre la profession de médecin et celle d'enseignant : le médecin s'appuie sur un solide bagage de connaissances, mais, pour soigner, il doit établir une relation avec son patient et être persuadé qu'il peut le guérir ; au-delà de son savoir, il use de son expérience pour évaluer chaque cas, toujours unique, il expérimente, tâtonne pour trouver le bon traitement. Il y a certes bien des différences entre le médecin et l'enseignant, mais, dans les deux cas, la relation avec le patient ou l'élève compte autant que la science que l'on possède et il est impératif de développer une approche expérimentale à l'affût des « résultats » des méthodes choisies…

Le climat de la classe fait partie du programme

La façon dont la classe fonctionne est en soi un ingrédient éducatif. Ce climat général affecte les élèves, tant leur bien-être et leur motivation à apprendre que leurs acquisitions elles-mêmes. Sur ces deux aspects, les comparaisons internationales donnent de la France une image peu flatteuse. Dans les enquêtes

1. Nous faisons ici écho à l'ouvrage d'Antoine Prost, *Éloge des pédagogues* (Seuil, 1985).

Pisa, nos élèves de 15 ans estiment moins souvent que ceux de la plupart des autres pays que leurs enseignants sont là pour les aider à progresser, ou se soucient de leur bien-être : seul un élève sur deux est affirmatif sur ce point. Ils se sentent moins souvent membres de leur établissement scolaire. Il ressort de cela une « cohésion scolaire » moindre chez nous que dans les autres pays. Certaines études suggèrent même qu'une part de notre médiocrité (relative) dans les classements Pisa s'expliquerait par ce climat global moins propice aux apprentissages.

Les enseignants le perçoivent bien, l'école peine à intéresser les élèves, même les « bons » : s'ils sont plutôt heureux à l'école élémentaire, leur bien-être se dégrade très vite au fil des années collège ; on y voit s'effriter la motivation, enfler le stress et le fatalisme face à l'échec, et nombre d'entre eux vont ensuite, expression révélatrice, « décrocher ». Dans notre pays, on oppose souvent performance scolaire et bien-être, en soulignant que l'école n'a pas pour mission principale de rendre heureux les élèves. Il faut pourtant défendre la valeur éducative intrinsèque d'une bonne relation maître-élève, indépendamment de ses liens directs avec les performances scolaires du moment.

Qui plus est, la recherche démontre que la qualité de l'expérience scolaire va de pair avec la qualité des apprentissages : une bonne relation maître-élève tend à minorer le niveau de violence dans la classe et dans l'école, qui lui-même a des incidences sur le bien-être, mais aussi sur les apprentissages. Viser le bien-être des élèves ne signifie pas leur octroyer le droit à la paresse ou renoncer à les confronter à des contenus exigeants – qu'ils déclarent eux-mêmes apprécier, notons-le au passage. On sait aussi combien il est bénéfique que l'élève perçoive le sens que revêtent pour lui les apprentissages, et perçoive en quoi ceux-ci lui donnent des pouvoirs de compréhension et d'action supplémentaires.

Ce ressort est nécessaire : apprendre requiert des efforts et il est primordial que les enseignants mettent en place un climat cognitif encourageant. Ils doivent d'abord être eux-mêmes convaincus de ce que les élèves, tous les élèves, peuvent apprendre. Or, trop nombreux sont ceux qui pensent plus ou moins implicitement que l'intelligence est innée et immuable. Les élèves sont catalogués de ce fait comme doués ou limités. Une version alternative, celle de la toute-puissance du « handicap socioculturel », tout aussi fataliste, ne change rien à l'affaire. C'est là une façon de se protéger de ce qu'aurait de cruelle une analyse faisant des pratiques des enseignants une des causes des difficultés des élèves. On sait pourtant que cette croyance en une éducabilité limitée nuit à l'efficacité pédagogique, car elle se mue en prophétie autoréalisatrice, dès lors que les enseignants la communiquent subrepticement à leurs classes par des interactions moins stimulantes avec les élèves faibles. Ou censés être faibles : ainsi, si on propose à ces derniers le même exercice, présenté comme un exercice de géométrie ou comme un exercice de dessin, ils réussissent mieux dans le second cas, face à une matière considérée comme moins scolaire. La perception de soi-même comme compétent ou incompétent affecte la réussite, et certains échecs dépendent au moins autant de la situation émotionnelle de leurs auteurs que de leurs incompétences supposées.

Le contexte social des apprentissages, le fait que l'on apprenne dans un groupe, importe également ; pourtant, on sous-estime souvent l'importance de la « gestion du groupe classe » dans la formation professionnelle des enseignants. Dans la classe, les comparaisons sont omniprésentes, et l'enseignant lui-même peut inconsciemment les rendre plus systématiques en ignorant leurs conséquences sur les états émotionnels et les performances des élèves. Le seul fait de demander à la cantonade « qui a fini ? » induit un classement implicite marqué ; plus généralement, la façon dont l'enseignant rend plus ou moins visible le statut scolaire de chacun, par la création de groupes de niveau ou la manière de rendre les copies, nourrit des réputations et des comparaisons qui risquent de blesser les élèves en échec et de les rendre moins efficaces encore.

Le fait d'apprendre en groupe peut et doit être exploité dans un sens positif. Il est démontré – c'est la notion de conflit socio-cognitif – qu'organiser du travail entre élèves de niveaux différents, dans une perspective de coopération, engendre des confrontations qui s'avèrent bénéfiques à tous, aux plus forts comme aux plus faibles, d'un point de vue cognitif mais aussi civique. Si le socle commun rend déjà obligatoire, en troisième, l'engagement de tous les élèves dans un projet collectif, ceux-ci réclament eux-mêmes encore davantage de travail en groupe et de méthodes participatives. On ne peut considérer comme secondaire, dès lors qu'on entend former des citoyens ou tout simplement des sujets, de donner aux élèves l'opportunité d'apprendre, à travers des relations sociales organisées, à argumenter, à écouter, à exprimer ce qu'ils ressentent. Si on ne sait pas faire cela, on ne dispose plus, dans la vie sociale, que de la violence ou du silence.

Encore faut-il que les élèves soient amenés à travailler véritablement ensemble, indépendamment de toute obsession de résultat et de classement. Or le système éducatif actuel véhicule une conception de l'apprentissage obsédée par la compétition et le résultat, évidemment en lien avec l'idéologie méritocratique qui instille l'idée que pour réussir il faut « être le premier » et donc dépasser les autres.

Cette emprise de la compétition et des comparaisons omniprésentes entre élèves, si nuisible aux apprentissages, est aiguisée par la course permanente à laquelle on se livre dans les classes. Il est impossible d'éduquer et de ne sacrifier personne si les élèves passent leur temps à courir d'une classe à l'autre face à des spécialistes d'une discipline qui courent eux-mêmes pour couvrir les programmes, en étant persuadés que leur discipline est plus importante que celle des autres. On manque de moments de « respiration », à la fois du côté des enseignants qui, dans leur immense majorité, jugent les programmes trop lourds, voire infaisables, que du côté des élèves, dont les journées restent très chargées.

Ces journées si lourdes sont dues pour une part à la longueur des congés d'été qui contraint à augmenter le temps scolaire quotidien. À quoi il faut ajouter les devoirs à la maison – entre 6 et 11 heures hebdomadaires au collège, entre 10 et 20 en lycée –, ce qui compose des semaines de plus de 35 heures, auxquelles viennent parfois s'ajouter des cours ou stages de soutien. Il serait pourtant éducatif de prendre le temps de moments d'échanges sur ce qui se passe dans la classe, mais aussi dans l'établissement, dans la commune, dans l'actualité en général. Ce n'est pas forcément de moins d'heures à l'école dont les élèves ont besoin – rappelons qu'en un siècle, la durée annuelle de présence a été réduite, en primaire, de plus d'un tiers –, mais d'un temps où ils peuvent prendre le temps de grandir.

Des pédagogies fondées sur la recherche

Si ce cadre global compte sans doute autant que les recettes pédagogiques, ce que font les enseignants n'en a pas moins un impact décisif sur ce que les élèves apprennent – et sur les inégalités qui en découlent. Les recherches sur les apprentissages aidant, plus personne ne soutiendrait aujourd'hui que l'intégralité des inégalités de réussite entre élèves vient de l'extérieur, du « handicap socioculturel » en premier lieu, et que parler d'« effet maîtres » revient à mettre ceux-ci en cause, comme on avait tendance à le faire dans les années 1980 quand les premiers travaux de ce type ont été produits.

Pour autant, si ces « effets maîtres » sont avérés et si, bien que modestes, pris un à un ils s'accumulent avec le temps, la recherche ne fournit aucune recette miracle. Elle donne néanmoins des pistes, à la fois sur la manière de motiver les élèves et sur les façons d'apprendre. Motiver les élèves n'a rien d'accessoire dès lors que le retour à un exercice traditionnel de l'autorité est difficilement possible et probablement inefficace. On ne peut tenir pour acquis le rapport au savoir et l'implication soutenue que requiert la scolarité, sauf à laisser exploser les inégalités sociales au grand bénéfice des « initiés » ; on ne saurait pas davantage postuler que les élèves ont tous l'autonomie et la motivation suffisantes pour choisir de s'investir quotidiennement dans le travail. La psychologie sociale montre comment motiver et susciter l'intérêt des élèves par une « pédagogie de l'engagement », en les amenant à faire librement certaines choses de prime abord mineures, qui ensuite les engagent à continuer ; elle montre aussi comment organiser les situations d'apprentissage pour optimiser leurs performances, en alternant des phases de travail entre élèves, bénéfiques pour les plus forts comme pour les plus faibles, et en minimisant les comparaisons entre eux.

Au-delà de ces principes d'organisation du travail et de gestion du groupe, qui vont de pair avec une gestion du temps, la psychologie des apprentissages éclaire sur les méthodes qui « marchent » ou celles qui creusent les inégalités. Il serait coupable de les ignorer en laissant la pédagogie sous l'emprise des modes et des gourous. Ce qui s'avère efficace – en plus d'attentes positives et d'une bonne gestion du groupe –, c'est, notamment pour les plus faibles, une pédagogie relativement directive, structurant soigneusement l'enseignement, définissant précisément ce qu'on va enseigner et présentant aux élèves ce qu'ils doivent réussir à acquérir. Sur des apprentissages précis, comme la lecture, l'orthographe ou le calcul, il existe de nombreux travaux expérimentaux qui démontrent que certains dispositifs permettent de lutter efficacement contre les difficultés précoces des élèves. Ces travaux ne contredisent d'ailleurs pas les intuitions des enseignants : ils établissent notamment le rôle essentiel de l'attention et de la mémoire, et suggèrent des façons d'organiser le travail des élèves en conséquence et d'accompagner les apprentissages par un vrai soutien rapproché.

Familiariser les enseignants à la recherche en matière de pédagogie et de psychologie des apprentissages, leur conseiller de s'en inspirer reviendrait certes à rogner une forme de liberté pédagogique. Un exemple venu du Royaume-Uni est intéressant à cet égard : à partir de 1998, le ministère a rendu obligatoire dans toutes les écoles une heure quotidienne de lecture au cadre extrêmement standardisé, prévoyant le temps à y consacrer en classe entière, puis en groupes, puis à vérifier l'atteinte des objectifs… D'abord réticents – imposer un format de cours aussi précis, n'était-ce pas nier leur compétence pédagogique ? –, les enseignants s'y sont vite ralliés dès lors que les progrès des élèves se sont avérés significatifs, à tel point que des formules similaires ont été lancées en calcul quelques années plus tard. Les enseignants veulent avant tout que leurs élèves progressent, et connaître les méthodes qui marchent ne les dépossède pas de leur autonomie.

Cette autonomie est d'autant plus requise qu'il n'y a guère de méthode efficace dans l'absolu. Face à tout public d'élèves, sauf à renoncer aux objectifs communs, il est nécessaire de diversifier les méthodes. Pour certains élèves, c'est la motivation à apprendre des choses gratuites qui manque, pour d'autres (ou les mêmes), ce sont les prérequis, en matière de langage notamment. Les textes ne l'ignorent pas, qui prévoient une personnalisation de l'enseignement… depuis la réforme Haby de 1975. Mais que l'on parle de personnalisation ou d'individualisation, le milieu enseignant est souvent perplexe, voire méfiant, en tout cas ambivalent. Ne risque-t-on pas de la sorte de renoncer à une école commune où toute une classe d'âge apprend ensemble, au profit d'une école pour chacun ? Aux yeux des « désobéisseurs » qui rejettent les PPRE (programmes personnalisés de réussite éducative, combinant notamment aide personnalisée et stages de remise à niveau) visant à prendre en charge les élèves en difficulté pour maîtriser le socle, s'intéresser ainsi à l'élève pris individuellement serait une dérive, forcément libérale, contraire à l'égalité républicaine, se résignant à traiter les élèves comme des « clients » ou des « consommateurs »… Mais qui soutiendrait qu'il suffit de proposer la même chose, en même temps, à tous les élèves pour rendre effective l'école pour tous ?

Dès lors que l'enseignant est un professionnel des apprentissages, c'est à lui de prendre en charge les élèves en difficulté, dans le cours même de la classe et avant même toute remédiation spécifique ; et les recherches montrent que c'est là la solution la plus efficace. Pour autant, vu le pourcentage d'élèves en difficulté dans certaines classes et la taille de ces dernières, cela peut paraître impossible ; la tentation est alors grande d'externaliser les difficultés individuelles vers les spécialistes existants, même si on déplore la médicalisation de l'échec qui en résulte souvent. Individualiser sans externaliser reste un défi dans le contexte actuel des classes et la proposition du « plus de maîtres que de classe » semble bien plus prometteuse.

Il n'en demeure pas moins que la voie est étroite, entre l'« indifférence aux différences », pour reprendre la formule de Bourdieu – l'école participe à la genèse des inégalités parce qu'elle ne tient pas compte des inégalités entre élèves par rapport à ce qu'elle exige – et une sur-attention aux différences où, pour bien faire, le maître se centre sur les difficultés de chacun au risque de le figer dans des stéréotypes implicites : l'élève concret, celui qui est plus à l'aise à l'oral… Les élèves sont alors repérés et étiquetés comme déficients à partir de leurs erreurs, alors que les erreurs sont normales dans tout processus d'apprentissage. À cet égard, les enseignants sont rarement assez vigilants sur le caractère non transparent de leurs consignes et de leurs exigences, et sur l'importance du travail de déchiffrage que les élèves doivent en faire. Souvent, seuls les « initiés », par leur famille et leur milieu, peuvent entrer dans le jeu de cette « pédagogie invisible ». Cette interrogation, nécessaire, sur les activités intellectuelles qu'on exige des élèves et toutes les évidences implicites qu'elles impliquent, doit s'étendre à tous les supports utilisés, des exercices courants aux manuels.

Ceci vaut pour le recours au numérique. Si celui-ci est un moyen pédagogique qui peut motiver les élèves et parfois permettre de personnaliser davantage les apprentissages, son efficacité n'a rien d'automatique, et sa capacité à réduire les inégalités n'est pas plus immédiate. Toute innovation doit, en tout état de cause, être évaluée : il est possible qu'il s'avère psychologiquement bénéfique aux élèves de ne prendre connaissance de leurs notes que sur leur ENT (environnement numérique de travail), parce que cela évite des comparaisons blessantes, mais que le contact avec les parents s'en trouve plus difficile… De plus, dès lors que les ressources sont limitées, il faut mettre en balance le coût d'un tableau numérique dans chaque classe et celui d'une baisse des effectifs dans les premiers niveaux avec les bénéfices qui en résultent pour les élèves… Si les évaluations sont très rares dans notre pays, il faut à cet égard tirer les leçons, en l'occurrence souvent des désillusions, de l'expérience des pays plus avancés que nous en la matière[1]. Il n'en demeure pas moins qu'il est nécessaire de construire des médiations avec la masse de savoirs accessibles sur internet. Les ressources disponibles sont des outils, apprendre demandera un surcroît d'efforts : il faudra non seulement évaluer la qualité des sources, mais souvent mobiliser d'autres connaissances. Plus il y a pléthore de « données », plus l'action de l'école est nécessaire.

Évaluer pour faire progresser

Alors que des textes peu contestables existent, notamment les recommandations du Conseil supérieur des programmes, les évaluations courantes sont extrêmement critiquées. Nombreuses et chronophages, les évaluations chiffrées sont peu formatrices : une note ne dit pas à l'élève ce qu'il faut faire pour s'améliorer

1. Voir, par exemple, pour les États-Unis, www. technology in schools faces questions on value.

et, qui plus est, ne lui renvoie parfois qu'une moyenne opacifiant son travail. Pour nombre d'élèves les notes constituent une source d'humiliation, et il est frappant de constater que, dans les enquêtes internationales[1], dès le primaire les élèves français se distinguent par une faible confiance en eux. Plus tard, à 15 ans, ils se distinguent par leur peur de l'erreur, ou encore par le fait qu'ils sont nombreux (près d'un tiers d'entre eux) à considérer qu'ils ne sont pas évalués à leur juste valeur. Quant aux grands adolescents français, ils se caractérisent par leur pessimisme, leur faible confiance dans les autres et leur peur de faire des choix irréversibles.

À l'étranger, les notes sont souvent inexistantes avant la fin du premier cycle du secondaire mais, surtout, les critères d'évaluation sont intégrés dans les programmes ; en Finlande, ils donnent une description du profil d'un élève de niveau « très bien », par exemple. En France, la pratique de l'évaluation est extrêmement peu encadrée : tel enseignant tiendra compte du comportement de l'élève, et non tel autre qui se focalisera sur sa « production » ou intégrera plus ou moins implicitement le niveau de la classe ou de l'établissement. Qui plus est, on ne retient souvent que des moyennes, ce qui révèle une certaine indifférence aux acquis des élèves puisque toutes les notes se compensent. Ceux-ci l'ont bien compris, qui vont alors augmenter leur moyenne avec le renfort d'options ; c'est ainsi que jusqu'à 40 % des mentions TB au baccalauréat s'expliquent par l'apport en points des épreuves facultatives.

Cependant, s'il est clair que les notes ne constituent pas un reflet fidèle de ce que savent vraiment les élèves, elles restent ce qu'il y a de plus efficace dès lors qu'il faut les classer et, même si on les critique, on ferme les yeux sur le fait qu'elles ont de lourdes conséquences, notamment sur les décisions d'orientation.

1. Notamment le Programme international de recherche en lecture scolaire en CM1 (Pirls) pour les élèves de CM1.

Il n'y a rien de révolutionnaire à poser que les évaluations existent pour aider les élèves dans leurs apprentissages et que, pour ce faire, elles doivent prendre au sérieux ce qu'ils ont acquis et expliciter ce qu'ils savent faire ou pas. Le défi, ici, c'est de conjuguer l'égale dignité de tous et les inégalités qui marquent les performances, inégalités parfois redoublées par les biais sociaux qui entachent les évaluations elles-mêmes : selon les critères d'évaluation, ce ne sont pas les mêmes élèves qui sont toujours bien classés, et il est peu probable qu'un élève apparaisse nul partout. Ne mettre en exergue que les matières dites principales ou des critères d'excellence très formels débouche sur des classements scolaires fort cohérents qui renvoient dans la catégorie des élèves sans qualités nombre de jeunes qui en ont pourtant beaucoup. Au-delà de la rhétorique généreuse de la multiplication des formes d'excellence, un principe éducatif élémentaire pour doter chaque élève de ce viatique nécessaire qu'est la confiance en soi, c'est de lui donner l'occasion de faire reconnaître ses capacités par une « réalisation », soit dans des disciplines du socle, soit dans des champs plus ouverts, à l'instar de la « validation des acquis de l'expérience » qui existe dans la formation pour adultes.

Une majorité d'enseignants se rallierait sans doute aux principes d'une évaluation formative, mais de réels écueils pratiques et politiques existent : le temps qu'il faudrait prendre pour mieux évaluer, d'abord, et surtout la demande des parents et de l'institution pour des verdicts apparemment univoques et comparables, permettant de gérer les flux et la sélection de la manière, en apparence, la moins critiquable possible. Il faut aussi compter avec la demande, légitime, de mesure du système qui émane du politique, et qui, elle aussi, exige des évaluations quantifiées et standardisées. La solution n'est-elle donc pas de différencier plus encore les évaluations formatives aux seules fins d'apprentissage et les évaluations standardisées ? Ces dernières, seules à même de mesurer sur une base comparable les acquis des élèves – ce qui n'a rien de secondaire dans un système qui entend donner les mêmes chances à tous –, pourraient être plus rares et destinées avant tout aux personnels politique et enseignant à des fins de pilotage. Elles seraient complètement disjointes de ces encouragements au jour le jour que devraient constituer les évaluations formatives.

La capacité des maîtres à « faire apprendre » apparaît comme devant intégrer la capacité à gérer un groupe, contrôler les relations entre les élèves, désamorcer les blocages, adapter ses méthodes et ses façons d'évaluer… Toute la recherche en éducation convainc que les différences de performances entre élèves s'expliquent largement par l'effet des situations de classe elles-mêmes, telles qu'organisées par les enseignants au quotidien, et non par la seule psychologie de l'élève. Il faut évidemment développer les recherches en ce domaine et y former les enseignants. Il reste que, même si les moyens de faire acquérir les connaissances comptent autant que les connaissances elles-mêmes, celles-ci sont capitales pour des professionnels qui doivent évidemment maîtriser les difficultés de l'objet à faire apprendre. Ce qu'il leur faut conjuguer, ce sont excellence disciplinaire et expertise pédagogique, autonomie d'exercice et évaluation constante des pratiques. Comme pour les médecins, l'autonomie des pratiques permet de s'adapter à la grande variété des « patients », mais ne dispense pas de suivre et d'objectiver leur évolution.

3. Choisir le métier d'enseigner

La valeur de l'école dépend de la qualité professionnelle de ceux qui y travaillent ; ce qui vaut pour l'hôpital, l'industrie et la recherche scientifique vaut aussi pour l'éducation. Les comparaisons internationales démontrent que la formation des enseignants participe de l'efficacité des systèmes scolaires et nous savons que la qualité du maître, en primaire particulièrement, joue un rôle décisif dans la carrière scolaire des élèves. La formation des enseignants est donc un enjeu crucial : elle doit être capable d'attirer de bons étudiants ayant du goût pour leur future profession, de leur donner de solides compétences académiques et pédagogiques et de les préparer aux mutations d'un métier qui se transforme profondément.

Ces constats vont de soi. Pourtant, la formation des maîtres semble encore hésitante dans notre pays, comme le montre l'étrange querelle qui oppose les « républicains », pour lesquels seul le niveau académique des enseignants garantit leur qualité, aux « pédagogues » qui pensent que les enseignants doivent avant tout savoir enseigner. Le 2 mai 2012, Nicolas Sarkozy se félicitait d'avoir « supprimé les IUFM qui étaient une catastrophe ». Créés en 1990, les IUFM (Instituts universitaires de formation des maîtres) renaissent en 2012 sous une forme à peine différente, les ESPE (Écoles supérieures du professorat et de l'éducation), mais hélas cela ne signifie pas que la profession d'enseignant soit aujourd'hui considérée comme un métier pour lequel une formation est requise, comme c'est le cas pour les ingénieurs, les infirmières ou les pilotes de ligne… Les concours de recrutement, qui ont lieu l'année du master 1 ou 2, soit à bac plus quatre ou bac plus cinq, continuent à donner la priorité à la seule compétence disciplinaire, la bivalence et la polyvalence disciplinaires étant toujours vécues comme une forme de dégradation. Bref, malgré ou à cause des difficultés croissantes du métier d'enseignant, l'identité profonde des professeurs reste définie par leur discipline, bien plus que par leur métier de pédagogue.

Le métier et l'art

Longtemps, la formation professionnelle a été réservée aux seuls instituteurs, ces enseignants qui n'étaient pas des « savants », à ceux dont les méthodes devaient être plus efficaces, plus rationnelles et plus homogènes que celles des anciens « régents » payés, fort mal d'ailleurs, par les communes. La formation des maîtres qui devaient construire l'école de la République et de la nation s'est imposée comme un impératif. Sélectionnés à l'âge de 15 ou 16 ans, les futurs instituteurs apprenaient leur métier et de solides convictions républicaines dans des Écoles normales non mixtes ressemblant comme des sœurs aux séminaires de formation des prêtres, mais laïques, où l'affirmation d'une vocation et l'apprentissage d'un métier allaient de pair, garantissant l'unité pédagogique et idéologique de l'école élémentaire. Pour les instituteurs, il allait de soi que l'enseignement était conçu comme un véritable métier appris précocement, puis sur le tas, grâce aux leçons modèles et à un contrôle serré de l'inspection. Très tôt, les mouvements pédagogiques et le syndicalisme ont fait des instituteurs des gens de métier, sans doute divers par le talent et l'enthousiasme, mais partageant un corps de convictions et de pratiques communes.

Pour ce qui est des professeurs, la science, la culture, la personnalité, bref la « grâce », comptaient beaucoup plus que la technique pédagogique. Donnant un cours de pédagogie aux élèves de l'École normale supérieure préparant l'agrégation, en 1904, Durkheim s'étonnait « d'un vieux préjugé français qui frappe d'une sorte de discrédit la pédagogie de manière générale ». Alors que les instituteurs recevaient une formation professionnelle, l'acquisition d'une science et d'un haut niveau de culture pouvait dispenser les professeurs de lycée de l'apprentissage de l'art de les communiquer.

Un siècle après les remarques de Durkheim, les choses ont-elles profondément changé ? Rien n'est moins sûr. En 1990, de grands intellectuels alors de gauche condamnaient les IUFM à peine ouverts : il faut « cesser de déqualifier les futurs professeurs pour en faire de bons enseignants, comme c'est le cas dans les instituts universitaires de formation des maîtres (IUFM) ou, sous prétexte de "professionnalisation", l'enseignement de la psychologie, de la pédagogie et de la communication marginalise l'enseignement des disciplines[1] ». L'idéal restait celui du beau cours écouté en silence par des élèves fascinés et, pour tout dire, « convertis » par les connaissances du maître. Dans une société où la grandeur des Humanités et les beautés de la science pouvaient aller de soi, la connaissance pouvait peut-être suffire à faire le métier. Avec des élèves soigneusement triés, la répétition des méthodes et des exercices, bien connus par l'enseignant alors qu'il était lui-même élève, semblait d'une efficacité assurée. Pourquoi innover dans un monde largement immobile ou aimant se croire immobile et protégé par la sélection à l'entrée en sixième ? Les professeurs étaient si peu nombreux dans une société où les études secondaires étaient réservées à une faible minorité que leur image de « savant » était comme « garantie »

1. Élisabeth Badinter, Régis Debray, Alain Finkielkraut, Élisabeth de Fontenay, Catherine Kinzler, *Le Monde*, 25 novembre 1990.

par leur petit nombre et par le malthusianisme universitaire. Comment ne pas tenir pour des philosophes, des physiciens ou des historiens les professeurs d'un lycée de province, comment ne pas voir une « déqualification » derrière le projet d'en faire de « bons enseignants » ?

Une double déstabilisation

Le clivage entre les instituteurs et les professeurs et, plus encore, entre les disciplines générales et les disciplines professionnelles, est resté relativement stable tant que l'école élémentaire et l'enseignement secondaire étaient fortement séparés, tant que le recrutement des instituteurs et des professeurs passait par des voies elles aussi séparées, tant que les origines sociales des deux corps étaient distinctes.

Mais déjà, avec l'accès de tous les élèves au secondaire au cours des années soixante, ces deux mondes se sont trouvés face à face, puisque pouvaient y enseigner à la fois des instituteurs, détachés pour ce faire, et des professeurs, passés par l'université, spécialistes d'une discipline et titulaires d'un CAPES ou d'une agrégation. On sait qu'avec la création du collège unique en 1975, les professeurs ont progressivement gagné la bataille, les PEGC ont quitté le collège[1], mais la confrontation des professeurs avec un public non trié à l'entrée de celui-ci a fortement déstabilisé leur métier. Nommé dans un collège populaire, un professeur de lettres qui pensait enseigner la littérature découvre que ses élèves de sixième ont souvent de sérieuses difficultés en orthographe et en grammaire, pendant que son collègue de mathématiques s'aperçoit que les siens ont de grandes lacunes en calcul. On peut toujours dénoncer la chute du niveau des

1. Les professeurs d'enseignement général de collège (des instituteurs) ont progressivement été remplacés par des titulaires du CAPES.

enfants… mais les spécialistes d'une discipline s'apprêtant à faire cours ont dû apprendre un autre métier que celui qu'ils imaginaient. La grande majorité des professeurs s'est convertie avec beaucoup de conviction et d'acharnement, sans avoir le sentiment de déchoir, même si bien des organisations professionnelles ont, dans les faits, longtemps refusé le collège unique. Alors que l'enseignement secondaire pouvait naguère sélectionner des publics scolaires et regrouper les élèves en fonction de leur niveau, les professeurs des collèges doivent « affronter » des classes hétérogènes.

Quand on sait que la majorité des enseignants du secondaire commencent leur carrière dans des établissements « difficiles » et dans des académies « difficiles[1] », la mise à l'épreuve de l'idéal scolaire des anciens professeurs est devenue la règle. Les jeunes enseignants peuvent en souffrir, se sentir parfois trahis et abandonnés, même si la plupart d'entre eux s'y font et s'adaptent à ce métier que leur formation n'avait pas vraiment anticipé. Souvent, ils sont aidés par les anciens, par l'équipe quand elle existe, par les mouvements pédagogiques quand ils sont présents, par des inspecteurs et des chefs d'établissement compréhensifs… Mais cette épreuve en décourage certains et leur désir de fuir vers des conditions de travail tenues pour « normales » n'est pas sans conséquences. La première est la très grande instabilité des équipes pédagogiques des établissements les plus difficiles, ce qui ajoute à la fragilité de ces derniers et aux inégalités scolaires. La seconde est l'image d'un métier si éprouvant qu'il décourage les « vocations » et engendre de forts sentiments de dévalorisation professionnelle. Bien que la grande majorité des enseignants disent aimer leur métier, ils disent aussi que celui-ci est devenu difficile, stressant, épuisant, qu'ils n'y ont guère été préparés et qu'ils ne se sentent pas soutenus.

1. En 2015, 43 % des lauréats du CAPES commencent leur carrière dans les académies de Créteil et de Versailles.

Au fil des années, la tension entre l'idéal professoral traditionnel et les élèves tels qu'ils sont s'est déplacée vers le lycée et elle n'est pas limitée aux situations qui appelleraient scolairement et socialement des mesures particulières dans un océan de calme pédagogique immuable. Avec la massification du lycée ouverte par l'objectif des 80 % d'une classe d'âge au niveau du baccalauréat, le calme et l'ordre de la classe sont de plus en plus difficiles à établir et à tenir avec des élèves qui ne sont plus triés de manière rigoureuse. Comme au collège, il semble de plus en plus ardu de capter leur attention et leur intérêt, de plus en plus ardu de les « motiver » sans se motiver soi-même de manière épuisante. Dans la plupart des cas, il ne suffit plus de faire cours et de faire de bons cours, et bien des enseignants apprennent un nouveau métier dans lequel la construction d'une relation stable avec les élèves est préalable à l'enseignement lui-même.

Les adversaires de la « pédagogie », du « laxisme », du « jeunisme » et de l'« animation », souvent plus proches des classes préparatoires que d'une classe de seconde d'un lycée de banlieue, ont tort de voir dans ces « renoncements » le triomphe d'un nouveau modèle complotant contre le vieil art professionnel. En fait, le métier se transforme tout simplement parce que la massification scolaire a profondément changé l'école. Or, en même temps que nous avons bouleversé l'ancien monde scolaire, nous avons rêvé d'y reproduire les pratiques professionnelles et les idéaux pédagogiques qui fonctionnaient, plus ou moins bien d'ailleurs, pour 10 ou 20 % d'une classe d'âge. Si le métier se transforme, c'est tout simplement parce que les enseignants ne peuvent pas faire autre chose qu'inventer de nouvelles manières de faire leur travail. Mais les mouvements pédagogiques novateurs sont moins influents que les grandes organisations syndicales qui mobilisent sur la défense rigoureuse du statut et d'un imaginaire professionnel toujours menacé, quitte à ce que chacun « se débrouille » dans sa classe.

Cet état des choses engendre un mécanisme *a priori* étonnant : l'école se transforme sans jamais vouloir se réformer et il arrive même que les réformes les plus vigoureusement combattues soient, quelques années après, défendues comme des acquis par ceux qui n'en voulaient pas. Les travaux personnels encadrés (TPE), vigoureusement combattus par les syndicats en 1998-1999, ont été défendus par les mêmes syndicats en 2004 ; la semaine de quatre jours, combattue – très mollement – en 2008, a été défendue en 2012 contre la réforme des rythmes scolaires. Tout le problème vient de ce que ce long effort est épuisant, mal soutenu, et qu'il dépend largement de chacun. La distance entre l'expérience du métier et l'imaginaire professionnel ne cesse de se creuser, ouvrant l'espace à la plainte et à la déploration. Il n'est pas rare que des enseignants fassent au mieux dans leur classe tout en dénonçant ce qui leur apparaît comme une longue dégradation professionnelle, puisque ce qu'ils font réellement ne leur semble pas vraiment légitime et reconnu.

Le monde des professeurs des écoles, désormais recrutés au même niveau universitaire que les professeurs du secondaire, est lui aussi déstabilisé. Sans doute s'appuie-t-il sur une tradition de formation professionnelle plus solide et surtout plus légitime que celle des professeurs de collège et de lycée. Bien que le niveau académique s'élève avec le recrutement au niveau du master, il reste évident que le fait « d'apprendre à lire et à compter » à des enfants est un métier qui suppose une formation et qu'il ne suffit pas de savoir soi-même lire et compter. Mais le métier lui-même s'est profondément transformé pour deux grandes raisons. La première tient à ce que l'échec scolaire n'est plus tolérable, dès lors que tous les élèves doivent s'engager dans de longues carrières scolaires ; l'école élémentaire n'est plus sa propre fin, elle fonctionne comme le premier cycle du collège où iront tous les élèves. Les évaluations qui montrent que 20 % des élèves de CM2 ne maîtrisent pas les compétences inscrites dans le socle commun poussent alors vers l'accroissement des compétences pédagogiques des maîtres, puisque l'échec n'est plus acceptable. Le second changement procède de l'effritement du vieux clivage « républicain » entre l'élève et l'enfant, l'instruction et l'éducation. Le bien-être, l'épanouissement, l'expression, la reconnaissance de la singularité et de la personnalité des élèves sont désormais des impératifs pédagogiques élevant sensiblement le niveau des attentes à l'égard de l'école élémentaire et de ses maîtres. Il n'est plus possible de concevoir la formation des maîtres comme le seul apprentissage de méthodes robustes, immuables et peu « réflexives ».

Pour tous les enseignants, et au-delà pour tous les personnels de l'éducation, le métier s'est élargi, moins en raison des injonctions ministérielles successives, que sous l'effet des mutations de l'école elle-même. Quand la relation pédagogique est moins donnée que construite, quand le travail en équipe s'impose, quand les relations avec les parents et les partenaires font partie du métier, quand l'orientation perd son caractère automatique, quand les technologies de l'information entrent dans l'école… le travail des enseignants ne s'arrête pas aux portes de la classe. Dès lors, soit nous choisissons d'accompagner et de contrôler ces mutations, soit nous acceptons de les subir à travers un flux de contraintes et d'injonctions que les enseignants acceptent plus ou moins, mais que, le plus souvent, ils vivent mal.

L'impératif de repenser la formation des maîtres s'impose aussi pour accroître l'attractivité du métier. En dépit du chômage endémique des jeunes, y compris des jeunes diplômés, et de la multiplication des emplois précaires, les jeunes issus de l'enseignement supérieur ne se précipitent pas vers ce métier réputé trop difficile. Bien des concours de CAPES n'ont pas assez de candidats et, disent les jurys, de candidats de bon niveau. Les concours de recrutement de professeurs des écoles ont souvent plus de succès, surtout dans les départements attractifs et ensoleillés, mais les bons candidats sont très rares dans les académies « difficiles » où on doit ouvrir plusieurs cessions et recruter des vacataires. Sans doute l'anticipation d'un début de carrière malaisé refroidit-elle les ardeurs, sans doute aussi le niveau de salaire ne compense-t-il pas la sécurité de l'emploi et le temps laissé à une vie personnelle. Mais on peut aussi penser que la formation telle qu'elle est joue un rôle dans cette désaffection quand on sait que les jeunes titulaires d'un diplôme universitaire choisissent plus volontiers les métiers tout aussi difficiles, comme ceux du travail social, et pas mieux payés. Une offre de formation professionnelle pourrait plus efficacement contribuer à faire des métiers de l'enseignement des « premiers choix ».

Une école professionnelle

Il va de soi que les médecins doivent avoir de solides connaissances en biologie et que les ingénieurs doivent connaître la physique, la mécanique et les mathématiques. Pourtant les uns et les autres ne choisissent pas leur profession après avoir acquis ces connaissances ; ils les apprennent dans le cadre de leur formation professionnelle. C'est là toute la différence entre une formation académique que les étudiants doivent ensuite convertir en profession, et une formation professionnelle exigeant de solides connaissances disciplinaires.

La tradition française étant ce qu'elle est, on apprend un métier et une profession dans des écoles spécialisées et on acquiert une discipline sans finalité professionnelle à l'université. Dans le premier cas, le choix professionnel commande la formation académique, dans le second il suit cette formation. Au fil de notre histoire, quand nous avons pensé qu'il fallait construire et développer des professions et des métiers vitaux pour la nation, nous avons créé des écoles, de l'École polytechnique aux Écoles normales d'instituteurs en passant par une multitude d'écoles d'ingénieurs, de chimistes, de pilotes de lignes ou de management… Alors que l'université sélectionne au cours des études et que les projets professionnels des étudiants se dessinent également au fil des études, les écoles sélectionnent les élèves au début de leur formation et leur « garantissent » plus ou moins solidement l'accès à un métier.

La dualité du système d'enseignement supérieur est aussi une hiérarchie. Non seulement l'État consacre plus de moyens aux écoles, mais les étudiants donnent la priorité aux écoles qui sélectionnent à l'entrée afin de leur garantir ensuite une relative sécurité des parcours et de l'accès à l'emploi ; par contraste, les universités apparaissent souvent comme des seconds choix parce que l'encadrement pédagogique y est plus faible et les promesses d'emploi plus incertaines. Il suffit de voir les taux d'abandon et de réorientation en première année de licence pour s'en convaincre.

Si l'on veut professionnaliser les métiers de l'enseignement, il faut donc inscrire la formation dans un système qui s'apparente à celui des écoles plaçant les concours au début des études et visant la formation de professionnels. Pourquoi les enseignants échapperaient-ils à ce système qui, dans la situation actuelle, offre plusieurs avantages ?

Le premier d'entre eux est d'affirmer que le choix d'enseigner est celui d'un métier et non pas la conversion plus ou moins tardive de compétences disciplinaires en un métier. On objecte généralement à ce modèle, qui est celui de plusieurs pays plus efficaces que le nôtre, qu'il sacrifierait les compétences disciplinaires solides à des compétences pédagogiques incertaines. Objection qui ne tient pas, car il va de soi que l'étudiant qui aura choisi l'enseignement devra acquérir, à l'université, les connaissances disciplinaires qu'il souhaite enseigner, tout en étant élève dans une école professionnelle directement pilotée par le ministère de l'Éducation nationale, son futur employeur. Il pourra choisir de se spécialiser dans une ou deux disciplines, ce qui est le cas dans de nombreux pays où les performances des élèves sont considérées comme bonnes. En tout cas, la formation dans une école ne videra pas l'université de ses étudiants et n'affaiblira pas le niveau académique des futurs enseignants, comme le craignent ceux qui refusent le modèle professionnel, mais ne détestent pas toujours les Grandes Écoles pour leurs enfants. La qualité première de ce modèle est d'offrir une longue formation professionnelle qui pourrait inclure de nombreux stages et des expériences scolaires ou non scolaires auprès des enfants et des jeunes : mieux vaut savoir assez tôt si on se sent fait pour ce métier. Elle devrait aussi proposer une formation en psychologie, en sciences de l'éducation et dans les sciences humaines et sociales dont il est étonnant que les enseignants ignorent parfois tout ou presque.

Un autre avantage de cette formule serait d'introduire une certaine souplesse dans la définition des postes et d'accroître la mobilité des personnels en affaiblissant la rigidité des corps et des identifications disciplinaires qui fixent des barrières infranchissables entre les matières et les niveaux d'enseignement. Sans doute, les enseignants seraient spécialisés, mais ils auraient acquis à l'école les compétences communes leur permettant de se déplacer plus aisément dans le système éducatif au cours de leur carrière. L'affaiblissement des clivages de corps, voire leur disparition, ne serait pas un mince progrès, quand on sait combien l'idée de consacrer quarante ans de sa vie à la même activité peut refroidir les ardeurs des candidats actuels. Un système de formation permanente efficace pourrait ainsi accroître la mobilité des individus, la souplesse du système et la valorisation des métiers.

Le recrutement précoce aurait un autre intérêt, non négligeable : celui d'élargir l'éventail des origines sociales des futurs enseignants. En effet, plus le moment de la sélection est tardif, plus la sélection sociale par l'usure décourage les étudiants d'origine modeste qui ont eu plus de mal à tenir jusque-là. En revanche, si les bons lycéens issus des milieux modestes se voient offrir un avenir professionnel (et des bourses, le cas échéant), il y a beaucoup plus de chances que le métier d'enseignant les attire. C'est en effet moins la longueur des études que l'incertitude de l'avenir qui exclut les moins favorisés. C'est là un enjeu essentiel si l'on souhaite que la distance sociale entre les enseignants et une grande partie de leurs élèves se réduise un peu et si l'on souhaite aussi que le monde enseignant soit un peu plus à l'image de la société. D'ailleurs la mémoire de l'Éducation nationale ne l'ignore pas : les IPES rémunérant des élèves professeurs entre 1957 et 1970 avaient bien fonctionné sur ce principe et, aujourd'hui, un système de bourses et de pré-choix en licence vient d'être créé, qui va dans ce sens.

Il arrive que le modèle d'une école professionnelle soit dénoncé sous le prétexte d'une perte de prestige des formations. Il suffit pourtant d'observer la logique des choix des étudiants pour voir que les écoles les attirent plus que l'université. Par ailleurs les élèves enseignants seraient aussi à l'université pour y acquérir leurs compétences disciplinaires, un master de l'enseignement étant délivré par l'école pour le métier et par l'université pour ce qui est des disciplines. Cette « révolution » professionnelle affecterait bien évidemment la place et la fonction des concours actuels et interrogerait la fonction de l'agrégation. Pour la maintenir, il faudrait alors lui donner des finalités professionnelles mieux définies qu'elles ne le sont aujourd'hui, puisque l'agrégation n'est qu'un signe d'excellence disciplinaire entraînant de meilleurs salaires et des conditions de travail plus favorables sans affecter directement le rôle professionnel lui-même. Si elle est maintenue, pourquoi ne pas en faire une spécialisation de l'enseignement dans le supérieur et les classes préparatoires, ce qu'elle est souvent dans les faits ? Pour le moment, la formule des ESPE est à mi-chemin d'une formation professionnelle véritable et le statut des étudiants et des formateurs y est trop ambigu pour qu'il nous satisfasse longtemps.

En France, tout se passe comme si l'on avait eu l'ambition de transformer radicalement l'école par la massification, sans jamais rien changer à un métier d'enseignant fixé dans une sorte de perfection immuable et d'imaginaire aujourd'hui étouffant, dont ne témoignent en général que ceux que l'école républicaine et le lycée élitiste auraient « sauvés ». Le prix de cette contradiction est payé par les enseignants qui doivent sans cesse s'adapter et réduire les tensions entre l'idéal professionnel et les expériences du métier. Il est temps de franchir le pas en s'engageant dans une formation professionnelle qui arme mieux les enseignants pour le travail qui les attend et leur rende la vie plus aisée. Comme toujours en cette matière, les enjeux symboliques, peu négociables par définition, ont plus de poids que les obstacles pratiques. Mais pouvons-nous attendre encore quelques décennies ?

4. Éduquer ensemble

La notion de système éducatif public signifie que loin d'être un service accessible librement à tous ceux qui en expriment le goût ou le besoin, l'institution scolaire entend former à l'unisson toute une classe d'âge, parce que les bénéfices attendus ne sont pas seulement privés mais sociaux. Pour ce faire, au-delà de contenus communs, une offre d'égale qualité est une condition essentielle. On pense évidemment au contexte humain et matériel : taux d'encadrement, qualité des équipements... Pourtant, dans les pays dont les ressources allouées à l'éducation se situent au-delà d'un certain seuil, il n'y a plus de relation directe nette entre ces ressources et les résultats des élèves. Cela ne veut évidemment pas dire qu'on peut rogner sur les moyens de manière drastique. En revanche, dès lors qu'une qualité élémentaire est acquise, il faut compter sur d'autres ressorts que le « toujours plus », ou le « toujours moins » (d'élèves par classe) pour progresser. Parmi ces ressorts, jouer la carte de l'hétérogénéité et le refus de toute ségrégation[1] sont des leviers essentiels, certes politi-

1. La ségrégation désigne le fait que des populations se trouvent concentrées dans certains espaces, avec une séparation physique et des contacts limités avec les autres groupes. Cette notion sous-entend que cette concentration est assortie d'effets spécifiques, qu'il s'agisse de handicaps ou (perspective plus rarement envisagée) d'avantages pour les groupes ainsi concentrés.

quement sensibles, mais pas forcément coûteux, qui auront un effet réel et mesurable tant sur ce qu'apprennent les élèves que sur les inégalités.

Des classes où l'on apprend ensemble

Les élèves passent l'essentiel de leur temps dans une classe et, au cours d'une année donnée, leurs progressions, surtout en primaire, varient bien plus selon la classe fréquentée que selon leur milieu social. Ce n'est pas toujours là l'effet d'une classe plus ou moins chargée : dans le secondaire, la taille des classes n'a pas d'impact significatif sur les progrès des élèves, et il faut rappeler qu'un tiers environ du temps d'enseignement se passe en groupes plus restreints. En revanche, dans le primaire, les progressions s'avèrent meilleures dans les petites classes, mais seulement si elles sont vraiment plus petites, d'au moins 5 élèves, et surtout pour les enfants de milieu défavorisé. Ce constat a des incidences politiques claires : en réduisant en primaire de 5 élèves les classes des établissements prioritaires, on diminuerait très sensiblement l'écart moyen de compétence avec les classes des établissements non prioritaires[1], et ce, si on raisonne à budget constant, au prix d'une augmentation d'un élève dans ces dernières. Néanmoins, en termes d'efficacité, la portée d'une augmentation de l'efficacité pédagogique d'un enseignant est potentiellement supérieure à celle d'une diminution de la taille des classes. Soulignons l'impact, tout aussi établi et bénéfique, de l'hétérogénéité des classes.

Dans notre pays, la répartition aléatoire des élèves dans les classes est la règle, et c'est même une caractéristique explicite du

1. Avec, selon les travaux de Thomas Piketty et Mathieu Valdenaire, une réduction de 37 % en primaire, de 13 % au collège et de seulement 4 % au lycée.

collège unique défini en 1975. Néanmoins, une proportion non négligeable de collèges, de l'ordre de la moitié selon certaines études, constituent des classes de niveau. C'est d'autant plus le cas qu'ils accueillent un public défavorisé, comme si, dans un contexte de concurrence croissante entre établissements, ils cherchaient à retenir de bons élèves en leur proposant des classes « réservées », tout en arguant que regrouper les plus faibles est une manière de mieux s'en occuper. Pourtant, la recherche est unanime : mettre ensemble les élèves faibles est la meilleure façon de les rendre encore plus faibles ; dans les classes faibles où on les regroupe, les élèves faibles progressent moins que dans des classes plus hétérogènes. Certes, de leur côté, les élèves forts regroupés dans des classes fortes vont progresser légèrement plus que dans des classes hétérogènes, mais l'hétérogénéité des classes fait davantage gagner aux plus faibles qu'elle ne fait perdre aux plus forts.

Pourquoi ? Tout d'abord, les enseignants modulent, et c'est compréhensible, les contenus et les pratiques pédagogiques en fonction du niveau supposé des élèves. Face aux plus faibles, leurs attentes sont moins fortes et ils renoncent souvent à couvrir les programmes, ce qu'admettent la très grande majorité des enseignants de zones d'éducation prioritaire. Dans le même temps, les élèves vont endosser et justifier leur statut d'élèves faibles en instaurant dans leur classe des normes de groupe moins propices au travail scolaire. Une négociation implicite s'instaure alors entre maîtres et élèves pour déterminer ce qui sera enseignable et enseigné. Les classes de niveau fonctionnent ainsi largement sur le mode de la prophétie qui se réalise d'elle-même : il y a une dérive des contenus et l'on apprend plus aux forts et moins aux faibles.

Regrouper les élèves par niveau scolaire revient aussi à les regrouper par origine sociale ou ethnique en raison du caractère très inégal des progressions dès les premières années de scolarité. On progresse donc plus dans les classes fréquentées par un public très majoritairement favorisé : indépendamment d'un niveau de départ qui rend les choses plus faciles, les élèves y apportent toutes les ressources dont ils héritent dans leur milieu familial et qui les aident à satisfaire aux exigences plus ou moins explicites de l'enseignement. Les élèves de milieu moins favorisé, peu nombreux, qui se trouvent dans ces classes en tirent bénéfice, tant il est vrai que les élèves se forment aussi entre eux. À tel point que les contextes relativement hétérogènes socialement, quand ils existent, peuvent permettre aux élèves de milieu populaire de compenser le différentiel de progression lié à leur propre origine sociale.

Mais la cause de l'hétérogénéité des classes se heurte à des résistances de la part de certains parents, ceux dont les enfants, bons élèves, progresseraient un peu mieux dans des classes d'élèves forts. Les résistances peuvent aussi venir de certains enseignants peu formés à la gestion de l'hétérogénéité. En France, on recourt assez peu à des groupes de besoin pour des activités de remédiation ponctuelle ; ceux-ci créent pourtant des situations bien moins figées que les classes de niveau, dès lors qu'on se donne un objectif sur lequel on ne tergiversera pas et que les élèves sont mobiles d'un groupe à l'autre. On « préfère » gérer l'hétérogénéité en faisant redoubler les élèves ou par la constitution des classes, tâche loin d'être anodine laissée à la discrétion du directeur d'école ou du chef d'établissement. Or ceux-ci ont des pratiques très diverses. Ceux d'entre eux qui composent, notamment grâce aux options, des classes de niveaux, vont, le plus souvent sans s'en rendre compte, fabriquer autant de ségrégation sociale qu'ils en héritent du fait de la sectorisation et de la ségrégation de l'habitat.

Des établissements où l'on vit

Que les écoles et les établissements du secondaire accueillent des publics très différents est bien connu ; les chiffres n'en sont pas moins impressionnants. Ainsi, au collège, la part des élèves dont le responsable de la famille est ouvrier ou inactif varie d'environ 75 % dans les collèges les plus défavorisés à 10 %, parfois moins, dans un nombre non négligeable de collèges parisiens. Les collèges sont encore plus clivés sur le plan ethnique et les différentes facettes de la ségrégation se cumulent. Ajoutons que les établissements publics et privés sont aussi extrêmement différents, avec par exemple, dans certaines villes de Bretagne, deux fois moins d'enfants de milieu populaire dans les collèges privés que dans les collèges publics.

Travailler dans des milieux aussi différents, parfois marqués très fortement par la ségrégation, affecte la progression des élèves, dans le même sens que ce qu'on observe au niveau des classes : bien que l'effet spécifique de l'établissement fréquenté soit assez modéré, plus faible que l'effet classe, notamment en primaire, il est plus facile, dans les établissements favorisés, d'activer les divers ressorts de l'efficacité pédagogique : bonne gestion du temps et de la discipline, attentes positives quant à la réussite des élèves, bonne couverture des programmes. S'y ajoutent une grande vigilance des parents, des équipes pédagogiques plus expérimentées et plus stables, d'où une plus grande capacité du chef d'établissement à mobiliser les enseignants autour d'un projet commun. Au-delà de l'effet positif des interactions entre élèves, qui existe au niveau de l'établissement comme à celui de la classe, un ensemble de conditions objectives rend donc le travail plus efficace dans ces établissements. Notre idéal d'égalité des chances est mis à mal, puisqu'une part de l'avantage dont jouissent les enfants de milieu favorisé résulte du fait qu'ils ont accès à des contextes plus formateurs, ce qui est difficile à justifier…

Face à une ségrégation dont les effets délétères sont établis, on ne peut que défendre une plus grande mixité sociale : les apprentissages des élèves s'en trouveraient relativement égalisés et le gain serait significatif pour les plus faibles. Rien ne serait pire pour l'unité d'une classe d'âge et sa capacité à vivre ensemble qu'une dérive irrépressible et irréversible des exigences et des contenus scolaires qui découlerait de l'acceptation plus ou moins tacite de la ségrégation à l'école, avec à la clé des zones de non-droit à l'instruction.

Au-delà même des apprentissages, la mixité sociale amène tous les jeunes à vivre ensemble, et ses effets sur leurs attitudes et leurs comportements doivent également être pris en compte. Dans les établissements au public mélangé, les jeunes de milieu défavorisé adhèrent plus aux normes scolaires et développent, au contact de leurs pairs plus favorisés, des projets plus ambitieux et des choix d'orientation plus ouverts. Cela ouvre aussi le cercle de leurs amis, ce qui est positif, sauf à défendre l'entre-soi. Le caractère plus ou moins ghettoïsé de l'établissement où on passe sa vie affecte non seulement les apprentissages, mais bien la construction de soi. Celle-ci se nourrit de comparaisons avec autrui, des comparaisons structurées par des catégories sociales ou ethniques, qui peuvent déboucher sur une auto-dévalorisation et un besoin de compenser dans d'autres domaines que le domaine scolaire. De plus, les élèves des lycées au public socialement défavorisé sont conscients des handicaps objectifs liés à l'établissement qu'ils fréquentent et pensent souvent que leurs résultats seraient meilleurs s'ils étaient scolarisés dans un autre établissement.

Pour autant, pour ces élèves, il n'est pas forcément très confortable psychologiquement de se retrouver dans des lycées au public favorisé. Le monde scolaire et l'univers des jeunes sont empreints de comparaisons constantes et multiformes et, dans ce type de situation, les élèves de milieu défavorisé souffrent d'une compétition scolaire plus tendue que dans leur établissement d'origine ; ils subissent aussi certaines formes d'« intimidation symbolique » de la part de leurs condisciples de milieu plus favorisé. S'ils se montrent capables de surmonter ces obstacles, alors les bénéfices peuvent être importants en termes de progrès scolaire. Mais en termes de confiance en soi, les choses sont un peu plus compliquées : il est plus facile de développer une bonne estime de soi au milieu de ses pairs que lorsque la distance est grande avec ceux qui sont en tête.

D'où l'ambivalence de la mixité sociale ou ethnique : elle peut constituer un univers menaçant pour l'image de soi, notamment quand les « minorités » sont particulièrement minoritaires. À l'inverse, quand ces « minorités » sont assez largement représentées dans un groupe quel qu'il soit (quand prévaut donc une certaine ségrégation), les personnes vont se soutenir et maintenir une image d'elles-mêmes plus positive. De manière générale, l'image de soi des enfants de milieu populaire est plutôt meilleure quand ils sont entre eux, du fait de comparaisons sociales moins défavorables. Si la mixité sociale ou ethnique a des effets modérés mais univoques sur les acquis scolaires, ses effets psychologiques sont plus ambivalents. Cela ne conduit pas à y renoncer mais à l'accompagner : il ne suffit pas de mettre ensemble deux groupes pour qu'ils coexistent harmonieusement et, comme pour la mixité filles-garçons, les élèves doivent pouvoir parler de ce qu'ils vivent, de ce qui peut les blesser et de ce qu'ils gagnent ou pas à vivre ensemble.

Traiter les effets de la ségrégation…

Pour contrer la ségrégation des publics scolaires et ses effets délétères, deux stratégies sont possibles. Soit on traite « sur place » les effets de la ségrégation, telle qu'elle est, soit on fait tout pour la diluer et créer davantage d'hétérogénéité. La première voie est celle de l'éducation prioritaire, la seconde est plus diversifiée, pouvant jouer soit sur les choix des parents, soit plus sur les conditions mêmes du choix, à savoir la configuration de l'offre scolaire.

Traiter sur place les effets néfastes de la ségrégation, c'est l'objectif de l'éducation prioritaire, initiée en 1981 avec les ZEP. Ses modalités ont évolué sans cesse depuis, avec notamment la définition de niveaux d'intervention hiérarchisés permettant de cibler plus précisément les publics et de moduler les dotations supplémentaires en conséquence, tout en tenant compte de l'évolution socio-économique des zones concernées. C'est ainsi que depuis la rentrée 2014, coexistent des REP (réseaux d'éducation prioritaire) et des REP +, ces derniers désignant les réseaux écoles-collèges qui concentrent le plus de difficultés.

Si le recul manque pour mesurer l'impact des modifications récentes, jusqu'alors l'apport d'une scolarisation en ZEP s'est révélé très limité sur le plan des acquis, tout en étant plus positif sur le plan des attitudes envers l'école et la socialisation. Ceci « en moyenne », car il existe de fortes variations d'une zone à l'autre. Au bénéfice du doute, on ajoute souvent que les ZEP ont limité les effets néfastes de la dégradation sociale de certains quartiers. Mais il est patent que créer une ZEP enclenche une dynamique négative, en « étiquetant » un établissement comme « difficile » : les enseignants expérimentés laissent alors la tâche aux plus jeunes, qui n'ont pas le choix, tandis que les parents les moins défavorisés ont tendance à fuir, ce qui renforce la ghettoïsation de ces établissements. Tous les dispositifs désignant spécifiquement tel ou tel groupe d'élèves sont pris dans ce type de tension : plus on cible, plus on concentre les moyens, ce qui est *a priori* un gage d'efficacité, mais, dans le même temps, plus on stigmatise les personnes ciblées, ce qui entraîne une fuite des enseignants et des parents les mieux dotés. La discrimination positive ciblée sur des zones suppose, pour s'exercer, une absence de mixité sociale et, dans le même temps, elle tend à la renforcer.

Faut-il alors, puisque le label « éducation prioritaire » s'avère stigmatisant, le supprimer purement et simplement, pour différencier les financements, sans effets de seuil, selon les profils sociaux des établissements ? C'est une voie possible, de même que de renoncer à cibler des zones, pour cibler plutôt des individus. Mais ce serait négliger le fait que certaines zones sont effectivement très démunies et que cet environnement a bien un effet en tant que tel. La réduction des inégalités massives de qualité globale des environnements scolaires est une exigence absolue et cela passe par une discrimination positive axée sur des zones ciblées, aujourd'hui… jusqu'à ce que la notion de zone prioritaire devienne caduque.

… ou s'efforcer de la réduire ?

Il existe une gamme de stratégies alternatives, ou complémentaires, pour atténuer la ségrégation des établissements. L'une d'elle a consisté, en 2007, à ouvrir les possibilités de choix des familles, en arguant que certains enfants, qui auraient les moyens intellectuels d'accéder aux meilleurs établissements, sont enfermés par la sectorisation dans ceux parfois médiocres de leur quartier. On prétendait œuvrer ainsi à plus d'équité, en relâchant la correspondance entre habitat et fréquentation d'un établissement. La situation posait effectivement problème, avec une carte scolaire poreuse, contournée par les parents les mieux informés – près de 20 % des parents enseignants notamment. Certains collèges présentaient des « taux d'évitement » proches de 60 %, les parents retirant leurs enfants des environnements les plus dégradés, pour les protéger des « mauvaises fréquentations » autant que pour leur assurer ailleurs des conditions d'enseignement tout simplement acceptables.

Cependant, l'assouplissement de la carte scolaire lancé en 2007 n'a pas bouleversé de manière significative, sur l'ensemble du pays, la composition sociale des établissements, ni la répartition public/privé. D'une part, parce que les demandes de dérogation n'ont pas explosé, mais aussi parce que le nombre de places dans les établissements recherchés n'était pas extensible à l'infini. Néanmoins, à un niveau plus local, notamment en région parisienne et dans les établissements relevant de l'éducation prioritaire, la réforme a amplifié l'évitement de certains collèges et donc leur ghettoïsation, une ghettoïsation à la fois « par le bas » et « par le haut », tous les établissements s'en trouvant plus typés socialement. De plus, l'argumentaire de la réforme a contribué à convaincre les familles de l'inégalité des établissements et à les renforcer dans l'idée que choisir n'est plus un passe-droit mais un droit que tout « bon parent » peut assumer. Au prix d'une amère rancœur chez ceux qui ont échoué dans leur démarche et, parfois, chez ceux qui ont obtenu ce qu'ils voulaient, le sentiment inconfortable d'être de mauvais citoyens… Ces évolutions étaient prévisibles : tant que la ségrégation avantage ceux qui bénéficient de contextes favorables, et que par conséquent ceux-ci perçoivent tout surcroît de mixité sociale comme une menace, il est peu probable que le libre jeu des demandes conduise à davantage d'équité et que multiplier les dérogations individuelles résolve le problème bien réel des établissements les plus ghettoïsés.

Peut-on pour autant défendre la carte scolaire ? Ce serait symboliquement important pour assurer à tous les petits Français une offre scolaire conforme aux ambitions de l'école de la nation. Mais est-ce bien réaliste face aux parents qui connaissent toutes les ficelles pour la contourner ? Et serait-ce politiquement habile ? Cela risquerait en effet d'être perçu comme renforçant l'injustice dans les quartiers les plus dégradés d'où il ne serait plus possible d'espérer sortir ses enfants. Et puis, la carte scolaire ne peut rien contre la ségrégation qui résulte de la configuration urbaine, et des choix de domicile de certains parents. On ne peut donc restaurer la carte scolaire qu'au prix d'une profonde redéfinition. Les contours des secteurs ne sont pas intangibles : ils relèvent souvent d'un découpage stratégique qui n'a rien à envier au découpage électoral, chaque secteur cherchant à laisser au voisin les élèves à problèmes. Il est tout à fait possible de retracer ces contours en cherchant au contraire à maximiser la mixité sociale. Cela peut passer aussi, comme l'enjoint une circulaire récente, par la mise en place de secteurs dotés de plusieurs collèges, ce qui préserve une marge de choix pour les familles, en contraignant ces établissements à respecter des normes de mixité sociale. Il serait tout aussi impératif d'intégrer les établissements privés sous contrat dans ces nouveaux découpages.

Il reste qu'une politique visant à créer des écoles plus mélangées socialement, si elle se justifie du point de vue de l'intérêt général, risque de se heurter à des intérêts privés divergents. Car la ségrégation n'est pas seulement subie, elle est aussi choisie : les parents de milieu favorisé perçoivent bien que les établissements où ils sont majoritaires permettent à leurs enfants de meilleures progressions et une expérience scolaire plus positive. Le défi est de parvenir à les convaincre de renoncer à une partie de ces avantages, parce que le gain que les plus défavorisés retireraient de plus de mixité sociale serait bien plus important que ce qu'ils y perdraient, avec, à la clef, une avancée globale en termes de capacité à vivre ensemble, pour les jeunes d'aujourd'hui et les adultes qu'ils seront demain. C'est évidemment un pari, car la quête de l'entre-soi, très forte, est ici source de réels bénéfices pour les enfants déjà favorisés. Dans un climat où le « chacun pour soi » et la peur de l'autre ont été encouragés, mettre au premier plan le gain collectif associé au « vivre ensemble » n'a rien d'évident. Pour autant, les familles accepteraient moins difficilement une telle politique – et certaines situations locales en attestent – si elles avaient l'assurance que leur enfant aura bien toutes les chances de vivre une expérience scolaire de qualité identique, d'atteindre les mêmes acquis et de suivre les mêmes options, quel que soit l'établissement qui lui est assigné. Cela suppose évidemment d'égaliser dans le même temps les ressources matérielles, et surtout en personnel, dont disposent les établissements, notamment en étant beaucoup moins « libéral » quant aux procédures d'affectation des enseignants. En un mot, assurer une égalité de la qualité de la scolarisation et des chances de réussir dans tous les établissements est la meilleure manière de tuer dans l'œuf les « bonnes raisons » qu'ont les familles de fuir certains établissements, ceux où pas un enseignant n'imaginerait scolariser son enfant.

Redéfinir ainsi la carte scolaire et la rendre plus impérative n'a donc vraiment de sens que s'il existe une vigoureuse politique d'égalisation de la qualité des établissements, exigeant elle-même une forte discrimination positive pour compenser les désavantages objectifs de certains d'entre eux, tout en renforçant leur attractivité par des options spécifiques. Cependant, dans la mesure où l'attractivité d'une école et la facilité d'y instaurer un climat propice aux apprentissages ne sont pas sans rapport avec la composition sociale de son public, il est capital d'associer étroitement politique d'égalisation de l'offre et redéfinition de la carte scolaire en vue d'une plus grande mixité sociale. Ce peut être, pour la France, une manière parmi d'autres de réduire ce niveau d'inégalité sociale particulièrement élevé que pointent les enquêtes Pisa. Sur le plan international, en effet, il y a une corrélation entre l'ampleur de la ségrégation sociale entre établissements et le niveau des inégalités sociales observées chez les élèves de 15 ans. Mais l'argument essentiel reste que l'égalisation des contextes d'enseignement – qui serait aussi, soit dit en passant, une égalisation des conditions de travail pour les enseignants – et la mixité sociale qui en fait partie intégrante doivent être garanties comme le contexte normal de la formation d'une classe d'âge appelée à vivre ensemble.

5. Construire l'égalité des sexes

La question des inégalités entre filles et garçons à l'école met en cause notre conception de l'égalité : nous semblons incapables de réduire le fossé entre l'égalité des chances, *a priori* réalisée, et l'égalité des résultats. Non seulement les « résultats » – acquis, scolarité, diplômes – restent inégaux, mais la configuration de ces inégalités est intrigante : aujourd'hui, les filles font des études plus longues que les garçons, notamment parce qu'elles rencontrent moins de difficultés en début de scolarité, et elles se montrent plus à l'aise avec l'écrit, ce qui n'est pas un avantage mineur ! Mais on peut aussi souligner la (légère) infériorité des filles dans les disciplines scientifiques et leur sous-représentation dans les métiers industriels ainsi que dans les professions scientifiques de haut niveau, avec à la clé des salaires plus faibles. Les garçons, défavorisés un temps, rattrapent vite leur handicap : il n'y a plus de différence de compétence pour ce qui est de la maîtrise de l'écrit dans la vie quotidienne, entre garçons et filles, chez les 16-29 ans, et ils accèdent en plus grand nombre aux sommets de la pyramide scolaire et ensuite aux emplois les mieux rémunérés.

Le bilan global n'est donc pas tranché et la question de savoir si l'on peut conclure à des inégalités univoques, dans un sens ou dans l'autre, reste ouverte : qui dirait qu'être à l'aise avec l'écrit « vaut » moins qu'être à l'aise en mathématiques, ou qu'une orientation vers les lettres « vaut » moins qu'une orientation en classe préparatoire scientifique ? Certes, les professions qui en découlent sont inégalement lucratives, mais on peut contester, l'école la première, cette indexation de la valeur des disciplines sur les « cours » du marché du travail et sur les inégalités économiques qui découlent de ses verdicts. Cependant la priorité reste, pour l'école, d'évaluer si elle garantit effectivement à tous les élèves, filles et garçons, l'égalité des chances qu'elle est censée promouvoir, ainsi que l'égalité de traitement qui est *a priori* dans son ADN.

L'école, une « petite société » où les élèves ont un sexe

L'école n'accueille pas des enfants sauvages qu'elle pourrait modeler à sa guise. Dès la première minute de leur vie, les parents manifestent des attentes et des comportements différenciés envers leur bébé garçon ou fille, et ceux-ci deviennent vite effectivement différents. Dès la crèche et la maternelle, les comportements des éducateurs sont marqués par de nombreuses « microdifférences » qui vont se cumuler au fil de la scolarité. Si les garçons sont davantage critiqués quand ils se montrent maladroits sur le plan moteur, on les gratifie de plus d'attention et d'instructions pour manipuler et explorer. Dans le même temps, on est plus expressif avec les filles (sourires, contacts physiques, interactions verbales), et on les encourage davantage à des activités calmes. On tolère également mieux les colères des garçons, on les laisse plus interrompre les jeux des filles, tandis qu'avec ces dernières, on parle plus volontiers du ressenti ou de l'apparence.

Ensuite, au fil de leur scolarité, les élèves vont recevoir dans les classes une grande quantité d'informations sur les comportements considérés comme adéquats selon leur sexe, tant de la part des maîtres que de leurs camarades. Dans la vie sociale, toutes les interactions sont guidées par des attentes, elles-mêmes fondées sur des représentations schématiques qui constituent des grilles de lecture des comportements d'autrui. C'est ce qu'on appelle des stéréotypes, et certains d'entre eux sont très prégnants : d'après une enquête récente de Mediaprism, 30 % des hommes comme des femmes répondent « oui » à la question de savoir si les garçons sont naturellement meilleurs en maths et sciences et les filles meilleures en lettres ; ou, dans une proportion voisine, que les femmes sont moins capables d'abstraction que les hommes.

Qu'ils et elles les partagent explicitement ou non, les enseignants[1] expriment ces stéréotypes dans leur façon d'interagir avec les élèves, particulièrement dans les matières étiquetées traditionnellement comme masculines ou féminines. En mathématiques, discipline connotée comme masculine, on observe dès le primaire des différences précoces d'attentes, davantage d'interactions et de stimulations envers les garçons, ce qui s'accentue au fil de la scolarité. Cela n'est pas sans incidence, puisque, à partir de l'adolescence, les filles de bon niveau en mathématiques manifestent une confiance dans leurs propres possibilités toujours plus faible que celle des garçons de niveau identique, ce qui va se traduire dans leurs orientations.

Au-delà des interactions pédagogiques, les relations entre pairs constituent un aspect essentiel de l'expérience scolaire, et dans ce domaine aussi la mixité des classes forge des élèves garçons ou filles : le groupe des pairs diffuse et contrôle les normes en matière de comportement approprié à son sexe. Pour les filles, ces normes concernent en particulier l'apparence physique et le comportement avec les garçons ; avec ces derniers, il faut

1. Nous n'utilisons pas ici (pas plus que dans les autres chapitres) les formulations spécifiant le sexe des personnes, non seulement par souci de fluidité de lecture mais aussi parce que ce serait entériner sans débat le postulat selon lequel il existe des identités masculines et féminines consistantes qui affectent tous les comportements.

être pleine d'attention, ménager leur susceptibilité, surtout ne pas avoir l'air (trop) meilleure qu'eux, à tel point que les filles scolairement brillantes éprouvent parfois une véritable « peur du succès », une peur d'être perçues comme entrant en concurrence avec les garçons, et d'être du même coup moins populaires ou moins séduisantes.

Les groupes de garçons exercent également un contrôle des comportements masculins socialement adéquats. En l'occurrence, bien réussir à l'école peut être dénoncé comme « féminin ». L'alternative, schématiquement, est alors soit de rejeter l'école en affichant des comportements virils – en contestant l'autorité notamment –, soit de réussir dans les matières « masculines », telles les sciences ou le sport. Pour les jeunes des deux sexes, le dilemme est d'être conforme et « normal », ou isolé, voire marginalisé. Or un certain conformisme, notamment par rapport à l'identité sexuée, est fondamental à cet âge de la vie où domine l'emprise du groupe de pairs.

Différences ou inégalités ?

S'agit-il là de « simples » différences, bien compréhensibles et acceptables dès lors qu'il y a deux sexes ? Rien de plus discutable, car il est difficile de nier le caractère délétère de ces stéréotypes, pour les garçons comme pour les filles. Il faut prendre au sérieux la notion de « menace du stéréotype » : le fait de savoir qu'en raison de votre groupe d'appartenance vous êtes censé moins bien réussir telle ou telle tâche induit une telle pression que cela obère vos chances d'y réussir effectivement. Ainsi, les filles ont tendance à se sous-estimer et à moins bien réussir dans les domaines connotés comme masculins, tout spécialement quand elles sont en présence de garçons, ce qui est la situation la plus fréquente puisque les classes sont mixtes. Des expériences (analogues à celles centrées sur les élèves faibles) ont montré que si l'on présente le même exercice comme de la géométrie ou comme du dessin, les filles le réussiront mieux si on leur dit que c'est du dessin. Que les représentations attachées aux différentes matières – ici, la géométrie comme matière « masculine » – affectent ainsi les performances, c'est bien la preuve que ces différences entre les sexes ne sont pas inscrites dans les chromosomes…

D'un côté, les filles subissent le joug d'une double contrainte : on leur demande un investissement personnel fort dans les études, mais, en même temps, les modèles dominants du masculin et du féminin leur rappellent que si elles entendent séduire, il leur faut abandonner ou masquer toute velléité de compétition individuelle. De leur côté, les garçons aussi font face à des injonctions contradictoires : ne pas montrer ses faiblesses, s'affirmer, voire être frondeur, et réussir dans un contexte scolaire très féminisé et face à des filles qui, dans ce cadre-là, réussissent mieux. Et l'école peut en « rajouter » par son propre fonctionnement, par exemple quand elle répond au coup par coup aux provocations des garçons qui cherchent à se positionner comme virils par rapport à leurs camarades : les punitions répétées tendent à en faire des héros.

Une chose est claire, la mixité tend à brider le développement intellectuel et personnel des élèves, en ce qu'elle rend particulièrement prégnantes les normes de comportements attendues pour être un homme ou une femme, aux yeux des autres et de soi-même. On ne réussit pas seulement en fonction de ses caractéristiques personnelles, mais selon l'image que l'on a de soi comme étant compétent dans tel domaine et conforme ou non aux normes sociales. Les stéréotypes du masculin et du féminin constituent alors de fait un tel corset que, comme l'ont montré des travaux canadiens, l'affranchissement des stéréotypes de sexe s'accompagne d'une meilleure réussite scolaire pour tous les jeunes : les élèves les plus brillants sont les filles un peu « masculines » et les garçons un peu « féminins ».

Libérer garçons et filles des carcans sexistes

Dès lors que, dans le cadre scolaire, une éducation au masculin et au féminin est à l'œuvre, il est indispensable de l'expliciter et de la penser. C'est là l'objectif majeur des programmes successifs visant à l'égalité et au respect mutuel entre garçons et filles, qui, au-delà de l'apprentissage précoce de règles de base – apprendre à faire respecter leur intimité, par exemple –, met l'accent sur l'explicitation des stéréotypes qui affectent tant les œuvres au programme que les interactions en classe. Rien de vraiment révolutionnaire, et on peut se demander s'il ne faut pas aller encore plus loin dans le travail éducatif dont l'école ne peut se dispenser, notamment auprès des adolescents, en les aidant à s'exprimer sur ce corps qui parfois embarrasse, sur ce désir que l'on éprouve et que l'on suscite, sur ces différences que l'on accepte et celles que l'on conteste… Cela est d'autant plus important qu'on évolue dans un contexte d'hyper-sexualisation de plus en plus précoce des filles. Tous les médias, les jouets ou encore la mode distillent, avec des moyens sans cesse accrus, à destination des petites filles et des adolescentes, le message selon lequel leur valeur personnelle se réduit à leur apparence, à leur caractère plus ou moins « sexy », selon des normes esthétiques très contraignantes. Toute une presse pour (très) jeunes filles leur explique par le menu comment faire pour « lui plaire », comme si elles n'avaient pas d'autres visées personnelles que la séduction. Les psychologues démontrent que cette hyper-sexualisation entrave le développement cognitif et le travail scolaire, l'estime de soi, le bien-être et la santé physique et mentale avec, en particulier, une polarisation sur l'apparence et le poids, ainsi que la sexualité ultérieure, avec une honte de son propre corps et une vision de soi-même comme objet livré au regard des autres et destiné au seul plaisir d'autrui.

Pourquoi ne pas apprendre aux jeunes à lire ces messages avec le recul nécessaire, en analysant, par exemple, le contenu de certains magazines pour jeunes filles, ou les textes de certaines chansons de rap ? Et vaut-il mieux le faire dans le cadre de groupes mixtes ou non mixtes, avec des enseignants ou des enseignantes, question que l'on peut aussi poser concernant l'enseignement de certaines disciplines où les garçons (ou les filles) ont du mal à réussir du fait des stéréotypes de genre, les garçons en littérature ou en langue, les filles en mathématiques ou en sport ? Il n'y a pas lieu de durcir ce débat, volontiers passionné en France, car la non-mixité peut concerner des plages de temps soigneusement définies et limitées. Et après tout, à l'école, où les deux sexes cohabitent plus qu'ils ne vivent ensemble jusqu'à l'entrée au lycée, comme dans la vie, des situations de non-mixité peuvent correspondre aux vœux des personnes et ne pas nuire à ceux qui sont ainsi temporairement à l'écart. Si les filles ou les garçons sont plus à l'aise pour s'exprimer dans certaines matières, pratiquer certains sports ou parler de leur sexualité dans des groupes non mixtes, il n'y a pas à s'en offusquer. On dira qu'ils et elles sont appelés à vivre ensemble, sans doute, mais on peut rétorquer qu'à ce stade du développement personnel, il est important de conforter, ou de questionner, son identité avant de se confronter aux autres.

Dans le domaine pédagogique, on peut donc défendre le recours à la non-mixité comme une stratégie ponctuelle et temporaire favorisant les progressions des élèves. Par exemple, si on observe que les filles sont moins à l'aise avec les microscopes ou les garçons avec l'écrit, et si on pense que ces savoirs/savoir-faire sont importants pour la scolarité ou pour la vie, il peut être légitime de préconiser des pédagogies parfois différentes pour les deux sexes, afin de tenir compte des différences aujourd'hui constatées sans disserter en vain sur leur origine. On peut aussi bien sûr privilégier des pédagogies communes visant à supprimer ces différences d'attitudes. Mais si on choisit de rester dans un cadre mixte, il faut savoir que la mixité exige un surcroît de réflexion pédagogique spécifique, alors qu'elle apparaît le plus souvent comme une donnée naturelle.

Quelle définition de l'égalité ?

Ces perspectives sont-elles si consensuelles ? L'égalité consiste-t-elle, dans le champ scolaire, à ignorer le sexe des élèves et à refuser toute prise en compte des différences ou, au contraire, à favoriser l'expression de ces différences en consacrant ainsi une tout autre forme d'égalité ? Des conceptions divergentes de l'égalité sont en embuscade et c'est sans doute pour cette raison que des textes se succèdent sans grand effet depuis les années 1980 et que, contrairement à la lutte contre les inégalités sociales, la lutte contre ce qui serait un sexisme scolaire n'a jamais réussi à mobiliser sérieusement dans notre pays et, récemment, a même suscité des réactions violentes.

Ce qui est en jeu dans les débats sur la mixité et dans la lutte contre les stéréotypes qui figent les contours du masculin et du féminin, c'est la nature des rôles et des identités masculines et féminines et, concrètement, la façon dont nous définissons ce qu'est un homme et ce qu'est une femme. Du même coup, la question de ce qu'est, ou de ce que serait, une société où l'égalité entre hommes et femmes serait réalisée est tout sauf consensuelle. Pour certains et certaines, l'égalité, c'est la ressemblance, alors que pour d'autres, l'égalité, c'est la complémentarité ou « l'égalité dans la différence ». De fait, lesdites différences renvoient aux stéréotypes les plus traditionnels qui arriment le sort de chacun à son sexe biologique, limitant les choix et les réussites à l'école comme ensuite dans la vie. Il faut également souligner que la variabilité des différences entre les individus est bien plus grande que les différences entre la « moyenne » des filles et la « moyenne » des garçons.

On peut se demander si l'école doit imposer une conception

de l'égalité. Pourtant, c'est le rôle de l'école en tant qu'institution que de transmettre les valeurs que la nation, qui lui délègue son pouvoir, juge devoir être transmises. Rien ne serait pire, concernant l'égalité filles/garçons, que le relativisme ambiant, maquillé ou non en respect des cultures, laissant aux seuls parents le choix de définir ce qu'il est acceptable et souhaitable d'inculquer à leur fils ou à leur fille, quelles connaissances en biologie, quel sport et plus largement quelle éducation scolaire. C'est fondamentalement le rôle de l'école, pas seulement dans les cours mais dans tout son fonctionnement quotidien, que de donner à tous les élèves toutes leurs chances afin que le sexe biologique, dont on hérite et qu'on ne choisit pas, ne puisse en aucun cas contraindre les choix et limiter, telle une camisole, la mobilisation des talents.

Il revient donc à l'éducation scolaire de dénoncer les stéréotypes et de rendre les élèves plus critiques et plus autonomes. Il en va de même avec leurs parents ; pourquoi ne pas débattre avec ceux qui estiment qu'il ne faut pas toucher aux stéréotypes : perçoivent-ils ce que cela implique en termes de limitation de choix pour leur fils ou pour leur fille ? C'est aussi le devoir de l'école que de parler avec les élèves de ce qui les préoccupe forcément au quotidien. Elle doit donc s'ouvrir aux préoccupations existentielles des jeunes qui se demandent ce que cela signifie de devenir un homme ou une femme, quel adulte ils et elles veulent devenir et leur apprendre la liberté pour eux-mêmes et le respect face à tous les choix possibles. C'est une dimension capitale d'une coéducation des jeunes des deux sexes qui peut conduire à se poser la question de la parité du corps enseignant lui-même, même si on peut estimer que le plus important, ou le plus réaliste à court terme, c'est une formation adéquate des enseignants. De nombreuses expériences existent, notamment dans les pays voisins. Elles incluent toutes une sensibilisation des enseignants au fait qu'ils et elles véhiculent sans s'en rendre compte des stéréotypes sexistes, par les remarques les plus anodines qui émaillent leurs interactions avec les élèves et leurs pratiques pédagogiques elles-mêmes ; il s'agit aussi de préparer les enseignants à échanger avec les élèves, lors de plages non mixtes notamment, sur des sujets aussi peu académiques et souvent sensibles, comme les rapports avec l'autre sexe, la gestion de sa propre image, la représentation de son corps et la sexualité.

Sans prétendre imposer un modèle de « vie bonne », l'école doit avant tout éduquer au choix, autrement dit « conscientiser » les élèves et les parents, sans pour autant inculquer une vision terroriste des modèles ou une dissipation complète des modèles du masculin ou du féminin. Les élèves doivent avoir le droit de faire des choix et l'école n'a pas à imposer une philosophie de la ressemblance absolue sur laquelle il n'y a sans doute pas plus de consensus que sur la défense, au nom de la complémentarité, des stéréotypes du masculin et du féminin. De plus, même si l'école éduque avec conviction au choix et à l'égalité, elle n'en est pas moins nichée dans tout un environnement social, et les stéréotypes qui pénètrent dans tous les interstices de la vie scolaire puisent dans la division du travail entre hommes et femmes qui caractérise la vie professionnelle et familiale. Il serait donc illusoire de penser qu'en la matière l'école peut tout : l'inégalité hommes/femmes n'est pas soluble dans l'éducation, mais rendre les jeunes conscients de ses rouages et des limitations fortes qu'elle entraîne pour eux, dans leur vie personnelle d'aujourd'hui et de demain, est un préalable pour que les jeunes adultes qu'ils deviendront soient armés pour l'éradiquer.

6. Former des citoyens

Dans l'émotion qui a suivi les assassinats de janvier 2015, comme au lendemain des émeutes de 2005, l'école a parfois été désignée comme une des causes de la tragédie et des violences. Plus souvent encore, on a attendu d'elle qu'elle répare les déchirements de la société française. Évidemment, l'école n'est pas la cause essentielle du terrorisme et des émeutes, et l'école seule ne peut nous sauver de la barbarie et de la haine. Mais, en France, l'école est bien plus que l'organisation tenue d'instruire les enfants et les jeunes ; elle a été promue comme l'institution chargée d'instaurer la République, la démocratie et la nation. Aussi, quand la République, la démocratie et la nation paraissent menacées, c'est l'école que l'on accuse et c'est d'elle que l'on attend le salut en formant les sujets d'une société tolérante, libre et laïque.

La laïcité à la française

La laïcité peut être grossièrement définie par l'association de trois grands principes. D'abord, s'impose la séparation des Églises et de l'État établissant la neutralité religieuse de la fonction publique et de l'école publique. La Constitution ne procède d'aucune religion et la citoyenneté n'est associée à aucune croyance religieuse particulière. Ensuite, cette séparation garantit la liberté de conscience des individus qui peuvent croire ou ne pas croire, sans que leur égalité et leur liberté en soient menacées. Elle implique la distinction d'un espace public laïque et d'une conscience religieuse considérée comme la manifestation d'un choix personnel. Enfin, la laïcité est une manière de vivre ensemble reposant sur la tolérance, l'égale acceptation de toutes les religions dont aucune ne peut être imposée à quiconque.

Ainsi, la laïcité, qui a pu être anticléricale quand l'Église aspirait à garder un monopole sur les consciences et sur certaines institutions, dont l'école, n'est pas antireligieuse puisqu'elle garantit la liberté de culte et de croyance à tous. La plupart des protestants et des juifs ont soutenu le combat laïque pour se protéger d'un cléricalisme souvent agressif et parfois antisémite. En ce sens, la « guerre » de l'instituteur et du curé a été beaucoup moins radicale que ce que l'on croit souvent, chacun faisant la part des choses quand les « hussards de la République », notamment les institutrices, garantissaient la neutralité de l'école tout en fréquentant l'office du dimanche. Cette présentation des principes de la laïcité républicaine suscite aujourd'hui un accord quasi unanime, y compris du côté de l'Église catholique qui a renoncé à l'ambition d'être une religion d'État ou d'être « la religion majoritaire des Français », comme le postulait le Concordat de 1801.

La laïcité s'est imposée comme la clé de voûte de la République dans une société profondément chrétienne. La séparation de l'Église et de l'État, inscrite dans la loi de 1905, n'empêchait pas les laïques et les catholiques de partager, souvent sans le dire et sans le savoir, un grand nombre de références culturelles communes. Pour l'essentiel, la laïcité s'est déployée dans une société de culture chrétienne où certains allaient à la messe alors que d'autres n'y allaient plus depuis longtemps ou souhaitaient ne plus être obligés de le faire. Le choix des jours fériés et des vacances comme l'enseignement d'une histoire de France faite par les rois catholiques et les héritiers de la Révolution pouvaient aller de soi. Quant à l'enseignement de la morale à l'école, il pensait s'appuyer sur une morale commune : « La bonne vieille morale de nos pères, la nôtre, la vôtre, car nous n'en avons pas d'autres. » Le décalogue, la morale de nos pères et celle de Kant n'étant guère contradictoires, il suffisait, ajoutait Jules Ferry, de n'enseigner aucune « théorie sur le fondement de la morale » (10 juin 1881), ces fondements – Dieu, la morale naturelle ou la Raison – restant de l'ordre des croyances et des choix privés.

Cette image apaisée de la neutralité laïque n'est pas totalement fidèle à l'histoire. Le souffle de la laïcité républicaine combinait une affirmation nationale et un projet d'émancipation. S'il y a une singularité de la laïcité à la française, c'est bien cette croyance dans la dimension libératrice de la communauté des citoyens : l'enfant accède à la Raison et à l'universel en même temps qu'il participe de la nation. L'école laïque doit combattre les croyances fausses et « obscurantistes », elle doit arracher l'élève à la « petite société » de la famille et du village. L'école laïque doit donc être un sanctuaire protégé des désordres sociaux, des passions, des intérêts et des singularités culturelles des petites patries et des religions. Austères et rationnels, guidés par la grande culture et la Raison, la discipline et les savoirs scolaires creusent un écart entre l'école et la société, et c'est dans cet écart même que l'individu et le citoyen se construisent. Qui n'a jamais éprouvé à l'école le sentiment étrange d'être enfermé par l'ordre et la culture scolaires « universels », et d'être, au même moment, protégé et comme libéré par cet ordre et cette culture ? En tenant à distance les mondes sociaux et les mondes scolaires, la laïcité à la française ignore les individus tels qu'ils sont dans leurs racines et leur singularité, tout en leur ouvrant, par cet écart même, un espace de liberté et d'autres processus de subjectivation.

Bien sûr, cette conception de la laïcité a composé avec la société comme elle était. Laïque et universelle, l'école séparait rigoureusement les filles et les garçons, et ceci jusque dans les concours de recrutement des enseignants. Laïque et universelle, cette école a longtemps distingué les publics scolaires en fonction des classes sociales ; l'élitisme républicain tant vanté ne proposait de promotion sociale qu'à une petite minorité d'élèves méritants issus du peuple. Républicaine, l'école a aussi accepté l'existence d'une école privée, le plus souvent catholique, école progressivement intégrée dans le système scolaire national et financée par contrat dès lors qu'elle se plie aux programmes et aux règles scolaires nationales et qu'elle accepte, à son tour, de ne pas sélectionner les élèves en fonction de leur religion. C'est-à-dire dans la mesure où elle respecte la tolérance laïque. Aujourd'hui, près de 40 % des élèves passent au moins une fois par l'enseignement privé au cours de leur parcours scolaire. Au fil des années, dans une société qui semblait se séculariser progressivement, cette conception de la laïcité a pu paraître si naturelle et si évidente qu'elle a cessé d'être un problème.

Troubles dans la laïcité

La société française est désormais confrontée à l'apparition publique de l'islam. En 1989 éclatent les premiers débats sur le « foulard » porté par quelques collégiennes. En 2003, la commission Stasi recommande l'interdiction du foulard dans les écoles, recommandation actée par la loi du 15 mars 2004 alors que, au même moment, les établissements privés, catholiques et juifs pour la plupart, échappent à cette loi[1]. Dès lors, la question de la laïcité est exclusivement associée à l'islam et le débat n'est pas près de s'éteindre. Pour les uns, cette loi doit être rigoureuse et elle doit être étendue à tous les signes religieux, y compris par une circulaire de 2012 interdisant aux mères voilées d'accompagner les jeunes enfants lors des sorties

1. Il existe environ 8 500 établissements catholiques, 282 établissements juifs et une trentaine d'écoles musulmanes.

scolaires. Pour les autres, souvent inspirés par les « accommodements raisonnables » québécois, l'école laïque doit être plus ouverte afin de ne pas exclure de fait une partie des musulmans et de renoncer ainsi à une des vocations de la laïcité : accueillir tous les élèves quelle que soit leur religion. Nous ne sommes plus dans une société chrétienne largement pratiquante devant protéger les non-pratiquants, les juifs et les protestants de l'hégémonie catholique. Le droit individuel à affirmer son identité s'impose dans une nation désormais pluriculturelle où chacun et chaque minorité peuvent demander à être reconnus pour ce qu'ils sont.

Ces débats sont d'autant plus tendus que le thème de la formation morale des élèves et des futurs citoyens revient en force avec la multiplication des violences et des incivilités à l'école, quand celle-ci paraît envahie par les problèmes sociaux, quand les incidents racistes et sexistes augmentent, quand des établissements sont mis à sac, quand le monde des écrans et des technologies de la communication affaiblit considérablement l'autorité de la culture scolaire, quand l'école n'est plus le sanctuaire républicain protégé des désordres du monde.

L'affirmation laïque est d'autant moins évidente que l'école ne tient pas ses promesses d'égalité. Aux yeux de beaucoup d'élèves, elle ne semble plus être en mesure d'échanger un renoncement à son identité singulière, religieuse ou non, contre une intégration sociale et l'accès à une citoyenneté nationale unanimement perçue comme émancipatrice. En effet, la minorité musulmane venue d'Afrique du Nord, de Turquie et d'Afrique subsaharienne est très souvent regroupée dans des quartiers perçus et vécus comme des ghettos, où se concentrent tous les problèmes sociaux. Dans ces établissements réputés difficiles, la ségrégation scolaire est encore plus prononcée qu'elle ne l'est dans l'espace urbain, et de nombreux élèves pensent qu'ils sont condamnés à l'échec. Quant à ceux qui réussissent, ils savent qu'ils affronteront mille discriminations pour accéder à l'emploi et au logement. Comment ignorer que, pour nombre de ces jeunes et de leurs familles, la rigueur laïque redouble l'exclusion sociale et participe du racisme dont ils se sentent les victimes ? À leurs yeux, l'islamophobie ambiante invalide à la fois l'école et la laïcité.

Impératifs catégoriques ?

Les assassinats de janvier 2015 ont donné à ces débats un ton plus tragique et plus radical. Le fait que l'on ait compté 200 incidents lors de la minute de silence suivie dans les 64 000 établissements scolaires que compte la France a été vécu comme un traumatisme par beaucoup. L'école de la nation et la République paraissent gravement menacées par les quelques élèves qui ont refusé de dire « Je suis Charlie » et l'éducation à la citoyenneté est alors devenue un impératif. Mais le débat porte moins sur la nécessité de former des citoyens dans une école laïque que sur la façon de s'y prendre. Or, en matière d'éducation, la manière d'éduquer compte autant, voire plus, que les valeurs mobilisées.

Dans le climat de panique morale qui nous emporte parfois, les discours laïques les plus fermes et les plus radicaux tendent à s'imposer. Les forces politiques de droite et d'extrême droite qui n'ont pas toujours été les plus favorables à la laïcité, c'est peu dire, se convertissent à une laïcité intransigeante et autoritaire. Même ceux qui, comme Nicolas Sarkozy, pensaient que le prêtre avait une supériorité morale sur l'instituteur, rêvent maintenant d'une école républicaine incarnant l'ordre, la morale et la nation. Toute ouverture est perçue comme une lâcheté et une complaisance pusillanime envers l'islam. On refuse de servir des menus sans porc dans les cantines au nom de la laïcité, devenue l'autre nom de l'identité nationale « blanche et chrétienne ». Étrange renversement de la tolérance laïque : la laïcité invite à exclure au nom de l'identité nationale. On en appelle au retour de l'autorité des maîtres, à celui des estrades et des blouses grises, à celui des punitions, aux poursuites judiciaires contre les parents « démissionnaires », aux rites, au drapeau et à *La Marseillaise*... Bref au retour d'une école que les grands-parents des élèves actuels n'ont probablement jamais connue. Ici, la laïcité républicaine n'est que le voile à peine discret du rejet de l'islam, de la défense de la nation éternelle et de l'ordre moral.

Les esprits plus raisonnables, et plus proches du ministère de l'Éducation nationale, proposent des solutions plus modérées, mais dont la logique profonde est de même nature. Pour eux, la laïcité et la formation des citoyens doivent être inculquées, comme le sont toutes les matières scolaires. On apprendrait à être citoyen et laïque comme on apprend les mathématiques et la grammaire. La charte de la laïcité est affichée dans tous les établissements. Selon cette logique, il faudrait proposer un enseignement laïque de la morale, ce qui est plus souhaitable qu'un enseignement de la morale laïque, même si la distinction est subtile. Il faudrait former les enseignants à cette matière afin qu'ils ne soient pas désarmés par les questions des élèves. Il faudrait décréter une semaine de la tolérance et une journée de la laïcité pendant qu'on rêve d'établir un service civil obligatoire ressemblant comme un frère au service militaire dont les vertus deviennent d'autant plus éclatantes que le souvenir s'en perd. En fait, la défense et l'avenir de la laïcité passeraient par l'apprentissage des leçons données par des maîtres désormais formés à la laïcité. L'impératif catégorique laïque s'apprendrait comme un catéchisme grâce à l'autorité de maîtres incarnant, comme au bon vieux temps, la morale, la Raison et l'amour de la patrie.

Toutes ces déclarations sont belles et bonnes, mais il y a de grandes chances qu'elles se heurtent à la dure réalité des relations scolaires. Comment croire que des élèves aient confiance dans des principes que l'école a tant de mal à mettre en œuvre, à commencer par l'égalité scolaire ? Comment croire que toutes les écoles se valent quand les enseignants qui font les leçons hésitent à mettre leurs enfants dans les établissements où ils enseignent ? Comment croire à la laïcité quand, de toute évidence, l'islam pose plus de problèmes que les autres religions ? Comment croire à une laïcité qui, aux yeux des élèves, interdit plus qu'elle ne donne de droits ? Comment croire aux vertus de la démocratie, quand, à l'école, les élèves ont le sentiment de ne pas être entendus ? Mais surtout, comment croire à la parole de l'école quand chaque élève peut accéder à tout moment à des informations et à des affirmations parfaitement contradictoires et qui semblent, *a priori*, tout aussi crédibles que celles du maître ? Dans bien des établissements, ces leçons n'auront guère d'effets et dans d'autres elles seront perçues comme une violence et une hypocrisie de plus.

Du côté des maîtres, est-on certain que tous adhéreront à ce nouveau catéchisme républicain ? Est-on sûr qu'ils répondront de la même manière quand des élèves leur demanderont pourquoi, au nom de la liberté d'expression, il faut condamner Dieudonné et défendre les caricaturistes de Charlie ? Est-on certain qu'ils répondront la même chose quand on leur demandera pourquoi le foulard porte atteinte à la dignité des femmes alors que les tenues les plus sexy et les plus « extravagantes » des diverses tribus adolescentes sont la manifestation de leur liberté ? L'appel au retour des rites et des leçons de morale postule l'existence d'un corps enseignant « croyant » de manière homogène dans la même laïcité. Or, si l'on peut supposer que tous les enseignants sont laïques et démocrates, ils ne le sont probablement pas tous de la même manière et, d'ailleurs, la démocratie n'a pas à le regretter. Quand on sait que les principales organisations enseignantes ont refusé la formation des maîtres à une déontologie professionnelle au nom de l'autonomie professionnelle, déontologie pourtant plus pratique et plus immédiate que les grands principes laïques, on peut craindre que ces principes ne soient appréhendés que sous le mode d'une rhétorique de défense professionnelle contre les tensions et les désordres qui menacent l'école.

À l'heure où l'enseignement privé peut avoir un « caractère propre » et accepter quelques « signes ostensibles » d'appartenance religieuse, le retour d'une sorte de théologie laïque rigoureuse risque de renverser le front de la tolérance. Déjà, bien des établissements catholiques accueillent des non-croyants, mais aussi des élèves juifs et musulmans qui s'y sentent mieux acceptés que dans les établissements qui appliqueraient une laïcité rigide. Et comme ces établissements sont choisis par les familles qui en ont les moyens et dont les enfants sont souvent de bons élèves, ce processus peut accentuer les inégalités scolaires et reléguer plus encore tous ceux qui ne peuvent pas choisir, à commencer par les élèves issus des minorités et des quartiers les plus défavorisés.

Vivre ensemble

Conçue comme un impératif catégorique, la laïcité à la française visait à construire un face-à-face moral entre l'universalité des valeurs et la raison d'un individu qui, détaché de ses identités sociales, s'élèverait vers la citoyenneté. La formation du citoyen procédait de la rencontre avec ces principes bien plus que d'une expérience sociale mettant ces principes à l'œuvre. C'est pour cette raison aussi que notre école républicaine a tant de mal à devenir démocratique et que, longtemps, elle n'a pas perçu comme une contradiction le fait « d'apprendre » la citoyenneté en privant les élèves des moindres droits. C'est enfin pour cette raison que nous avons encore tant de difficultés à concevoir que l'établissement scolaire puisse être une communauté éducative offrant aux élèves un espace de relations et d'identifications entre l'universalité des principes et la subjectivité de chacun. L'enquête Pisa 2012 révèle que 47 % seulement des élèves français de 15 ans disent « se sentir chez eux à l'école », pourcentage le plus bas de tous les pays de l'OCDE. Ce taux descend à 38 % pour les élèves défavorisés, contre 78 % en moyenne dans les pays de l'OCDE. Pourtant, c'est dans une école accueillante que nous pourrions construire une éducation citoyenne qui ne soit pas réduite aux règles affichées sur les murs et enseignées dans une partie des programmes. C'est dans cet espace-là que les règles communes et l'acceptation des singularités pourraient ne pas être vides de sens.

Bien sûr, il faut défendre la laïcité et former des citoyens. Bien sûr, les leçons de morale ne peuvent pas faire de mal, mais il n'est pas certain qu'elles nous apprennent à vivre ensemble. Il faut descendre de la théologie laïque conçue comme un ensemble de valeurs et de principes que des élèves devraient apprendre en classe, vers des pratiques éducatives mettant ces principes en action. La citoyenneté et la laïcité s'apprennent en s'expérimentant bien plus qu'elles ne se mémorisent.

Bien des enseignants et bien des équipes éducatives le savent déjà. Au lendemain de la minute de silence du 8 janvier 2015, des groupes d'enseignants, blessés par les attitudes des élèves et sachant aussi que des élèves avaient pu se sentir blessés par les réactions de certains enseignants, ont organisé des discussions avec leurs classes. En leur permettant de dire ce qu'ils avaient sur le cœur, ils ont découvert que leurs élèves étaient moins hostiles à la laïcité qu'ils ne se sentaient rejetés par elle. Les uns et les autres ont pu se parler, s'expliquer et découvrir que la citoyenneté est d'abord une manière de vivre ensemble, exigeant des règles communes et, d'abord, des règles communes dans l'établissement scolaire lui-même.

Ce qui pourrait *a priori* paraître si simple ne l'est cependant pas toujours. Dans ces moments de débat, les enseignants ne peuvent être seuls face aux élèves, parce que c'est émotionnellement difficile, mais surtout parce que ces discussions engagent une communauté scolaire et pas seulement une juxtaposition d'enseignants dont les sensibilités personnelles peuvent varier si fortement qu'elles créeraient plus de confusion que de démocratie. Cela suppose que les équipes scolaires fonctionnent comme des communautés éducatives, qu'elles soient soutenues, disposent de temps, programment ces débats, prennent conseil auprès de spécialistes du droit, des religions, de militants d'associations, de travailleurs sociaux… Des pratiques qui pourraient paraître aussi évidentes exigent des conditions élémentaires de préparation pédagogique, de stabilité des équipes éducatives, d'aménagement des horaires, afin que la formation des citoyens ne soit pas seulement un contre-feu déclenché dans des moments de crise.

La citoyenneté n'est pas qu'une affaire de laïcité, qu'une affaire de musulmans et, plus largement, qu'une affaire de pauvres qui auraient seuls besoin d'être ainsi « éduqués » aux vertus républicaines. Tous les élèves sont concernés. Or, il n'est pas normal que la vie scolaire se réduise souvent au règlement des questions de discipline, d'insultes, de harcèlement et de violence dans le bureau du conseiller principal d'éducation et du chef d'établissement. Même si les adolescents aiment leur autonomie et la défendent légitimement, il n'est pas normal que leur vie à l'école soit se déroule dans une certaine indifférence, soit apparaisse essentiellement comme une cause de trouble et de désordre. Autrement dit, le clivage radical entre la fonction d'instruction, parfois réduite à l'heure de classe, et la fonction d'éducation, tout ce qui serait périscolaire et à côté, n'est pas acceptable. L'éducation n'est pas du « sale boulot » que l'on devrait toujours déléguer à d'autres. Pour devenir des citoyens, il faut bien que les élèves, à l'âge qui est le leur, aient la possibilité d'agir comme des citoyens, d'abord dans la vie scolaire elle-même, mais aussi dans les divers projets qu'ils pourraient mener à bien en étant tenus de collaborer entre eux et avec des adultes. Toutes ces activités, déjà mises en œuvre dans de nombreux établissements, ne devraient pas être un supplément d'âme dépendant du militantisme et de la générosité de quelques adultes, elles devraient participer de l'éducation scolaire au même titre que l'enseignement des mathématiques et de l'histoire. Autrement, il faudra nous résoudre à ce que l'éducation scolaire se réduise à la coexistence plus ou moins pacifique entre des heures de cours et une vie juvénile elle aussi plus ou moins pacifique. Si l'on en restait là, les futurs citoyens n'auraient appris à n'être que des concurrents dans la compétition scolaire et que des consommateurs dans une vie juvénile indifférente ou hostile à l'école. Les leçons de laïcité républicaine leur sembleront alors lointaines et vaguement ridicules.

Tout ce que nous suggérons n'emprunte ni aux rêveries pédagogiques ni aux utopies libertaires comme celles des *Libres enfants de Summerhill*, bien des établissements scolaires déploient ces bonnes pratiques parce que l'équipe enseignante en a décidé ainsi. Des systèmes scolaires, souvent plus efficaces et moins inégalitaires que le nôtre, les mettent en œuvre de manière banale. Si l'on veut former des citoyens et promouvoir une laïcité qui ne soit pas réduite à des déclarations de principes, à des leçons et à des interdits, ces manières de faire école ne devraient pas dépendre des seules bonnes volontés et des aléas de la composition des équipes éducatives. Elles n'appellent pas seulement une sensibilisation des acteurs, elles exigent que chaque établissement ait la possibilité de former des équipes et que la définition du travail enseignant fasse une part à l'éducation et à la vie collective.

Il faut rappeler que l'école républicaine, dont le souvenir justifie aujourd'hui les appels les plus rigides à la laïcité, fut bien plus ouverte qu'on ne le croit souvent. Les instituteurs pensaient qu'il était de leur devoir de participer à la vie sociale du village et du quartier, de ce qu'on n'appelait pas alors la communauté. Nombre d'entre eux animaient des associations locales, des mouvements d'éducation populaire, des études du soir, des centres aérés et des colonies de vacances... Ces mouvements ont faibli et, surtout, se sont professionnalisés, avalés dans les mille dispositifs mis en œuvres par les mairies et les départements. En fait, ils se sont éloignés d'une école réduite à la seule instruction et parfois soulagée d'être relayée par un flux de dispositifs. La formation des citoyens exige que ces activités reviennent dans l'école afin que la laïcité soit plus une manière d'accueillir et d'éduquer qu'une façon plus ou moins discrète de fermer la porte à ceux qui n'ont pas le bon goût d'être toujours de bons élèves et des Français tenus pour « normaux ».

7. Combattre l'hégémonie du diplôme

Dans une société qui a depuis longtemps rejeté la transmission héréditaire des positions sociales, seules les qualités et les compétences personnelles sont censées déterminer la place occupée dans la hiérarchie des places qui, elle, n'a pas disparu. C'est à la fois juste – l'égalité suppose que nous ayons tous les mêmes chances indépendamment de notre origine sociale – et efficace, puisque tous les talents sont ainsi valorisés pour le plus grand bien de la société. On fait alors confiance à l'institution scolaire pour détecter et certifier ces qualités par des diplômes, et cela d'autant plus que, dans notre pays, on se méfie par principe des jugements issus du monde économique. Chez nous, seul le diplôme donnerait à la réussite une vraie dignité. Mais ces promesses de la méritocratie – conjuguer justice et efficacité – sont-elles vraiment tenues ? Peuvent-elles l'être ? N'y a-t-il pas une incompatibilité fondamentale, dans le monde tel qu'il est, entre, d'une part, le principe selon lequel tout le monde doit pouvoir réussir – pourquoi pas 100 % de docteurs ? – et, d'autre part, le droit pour chacun de trouver un emploi correspondant à son niveau de formation – avec, dans ce cas, 100 % de cadres ?

Une compétition pernicieuse

Que l'articulation stricte des diplômes et des emplois soit un gage de justice semble de prime abord évident : il est juste que les jeunes qui ont investi dans les études voient leurs efforts récompensés, et c'est d'ailleurs ce qui les incite à en faire. Est-il pour autant juste que ceux qui n'ont pas réussi à l'école se voient condamnés au chômage ou à des emplois précaires, tant il est vrai qu'en France les diplômes excluent ceux qui n'en ont pas, autant qu'ils favorisent l'insertion de ceux qui en ont ?

De plus, le diplôme possédé est très dépendant du milieu d'origine et résulte d'inégalités de trajectoire scolaire tellement systématiques et précoces qu'invoquer le mérite semble désormais bien illusoire : qui oserait soutenir que les enfants qui peinent à apprendre à lire et ne verront jamais leurs difficultés de démarrage corrigées par l'école sont forcément, et dès l'âge de 6 ans, moins méritants ? Tant que les scolarités et les diplômes sont biaisés socialement, et donc que la « pureté » du mérite scolaire est incertaine, distribuer les positions sociales sur la base des diplômes entérine les inégalités.

Ces inégalités sont accentuées par la force de l'emprise des diplômes sur les emplois : les familles, avec les ressources inégales dont elles disposent, déploient des stratégies d'autant plus actives pour placer au mieux leur enfant dans la hiérarchie scolaire que les diplômes sont porteurs d'avantages sur le marché du travail. Les comparaisons internationales le confirment : les inégalités sociales scolaires sont d'autant plus marquées que les études sont « rentables » et que l'articulation entre la formation et l'emploi est stricte ; de même, la reproduction des inégalités entre parents et enfants, dont les diplômes sont la courroie de transmission, est alors plus intense, et au total la société est d'autant plus rigide.

Suffirait-il, même si on ne sait pas trop comment, d'éradiquer toutes les inégalités sociales et scolaires, pour qu'il soit juste que les diplômes – exprimant alors le « vrai » mérite de leurs détenteurs – aient une importance décisive pour l'insertion et la carrière professionnelles ? Rien n'est moins sûr car une compétition intense, serait-elle méritocratique, pervertit le fonctionnement de l'école au point de compromettre sa fonction d'éducation. Dès que l'enjeu du diplôme est élevé, la course à son obtention établit le règne de l'individualisme et de l'utilitarisme sur l'ensemble des stratégies scolaires : qu'il s'agisse de choisir un établissement, une option ou de faire un effort particulier dans une matière, l'objectif est de se distinguer des autres qui sont tous des concurrents, puisque les diplômes les plus rentables sont ceux qui restent rares, ceux que les autres n'auront pas ! L'échec scolaire est alors une nécessité « fonctionnelle » et, à partir du moment où les emplois à la clé sont inégalement attractifs, une sélection drastique est inévitable. D'après les enquêtes Pisa, les projets des jeunes Français se portent à hauteur de 43 % sur des professions intellectuelles ou de cadres supérieurs, qui ne représentent au mieux que 18 % des emplois.

La compétition méritocratique pervertit aussi l'orientation. Celle-ci n'est pas seulement une « distillation fractionnée », elle renvoie aux élèves et à leurs parents une vision de la hiérarchie des emplois entièrement calée sur le niveau dans les disciplines générales. Les moins bons élèves sont voués au bâtiment ou à l'entretien des surfaces, ceux qui sont un peu meilleurs vont pouvoir accéder à un éventail de métiers industriels et de services, eux-mêmes subtilement hiérarchisés. Ces hiérarchies ne sont certes pas sans rapport avec l'attractivité des emplois, mais elles reposent aussi sur les contraintes de l'offre de places dans les lycées professionnels et sur les préjugés des enseignants qui ne connaissent ni n'estiment pas toujours le monde du travail : à un bon élève tenté par une profession manuelle, on dira qu'il peut faire mieux !

Dans ce mode de fonctionnement, choisir de manière positive, avoir un « projet personnel », est une gageure. Les élèves orientés vers les filières professionnelles ne doivent pas être trop motivés car, du fait des aléas de l'affectation, tel élève qui visait une place en menuiserie peut se retrouver en mécanique ; et s'ils réussissent dans leur branche, on leur offrira la chance de rejoindre une filière générale au mépris de leur spécialité. De leur côté, les bons élèves n'ont guère besoin de projets ; ils vont au contraire choisir les filières qui offrent les débouchés les plus ouverts, tel le bac scientifique, quel que soit leur intérêt intrinsèque pour leurs contenus. L'essentiel est d'aller le plus loin possible. Cette obsession du classement et le caractère toujours relatif de toute réussite, la rareté des passerelles permettant de changer d'orientation et la représentation de l'avenir professionnel comme entièrement dépendant du niveau scolaire constituent une vraie source d'angoisse pour les jeunes. On tient sans doute là une des racines du pessimisme des jeunes Français souligné par toutes les enquêtes.

Alors qu'on défend la « pureté » de la logique méritocratique, celle-ci débouche sur une collusion entre éducation et sélection et, qui plus est, sur une logique de sélection soumise au marché du travail. Les réalités du monde du travail pénètrent l'école : la menace du chômage plombe le climat des classes, tandis que l'inégale attractivité des emplois commande la hiérarchie des disciplines. Il n'est pas certain qu'il soit véritablement possible à la fois de former et de sélectionner. Comment peut-on délivrer à tous les savoirs et compétences jugés indispensables et, dans le même temps, les différencier selon les spécialisations futures ? Qu'importe, dira-t-on, la priorité n'est pas la justice mais l'efficacité…

Une efficacité incertaine

L'efficacité de la logique méritocratique n'est pas toujours évidente. Tout d'abord, efficace pour qui ? Des relations étroites entre diplôme et emploi sont à l'évidence efficaces pour ceux qui ont un diplôme et efficaces aussi, mais dans un sens négatif, pour ceux qui en sont dépourvus : trois ans après leur sortie de l'école, 94 % des jeunes dotés d'un diplôme d'ingénieur ont un emploi, c'est le cas de seulement 41 % des jeunes non diplômés.

Non seulement ces derniers peinent à s'insérer, mais ils quittent l'école durablement persuadés qu'ils ne valent rien. Il faut alors se demander si ce qui peut être jugé positif pour certains individus ne constitue pas, pour la société dans son ensemble, une source de gaspillage importante. D'un côté, les diplômes les plus élevés donnent aux jeunes qui les ont obtenus à 20-25 ans des avantages pour la vie, indépendamment de leur « productivité » ultérieure ; de l'autre, une masse de jeunes sont écartés du seul fait qu'au même âge ils n'ont pas satisfait aux critères du mérite scolaire. Ce fossé, qui ne cesse de grandir, n'est guère défendable d'un strict point de vue économique, car le mérite scolaire et la sélection qui en résulte ne se fondent que sur un échantillon restreint de la variété des compétences : est-on sûr que tous les jeunes sortants « non qualifiés » n'ont aucune qualité ? Peut-être ont-ils des qualités non détectées par l'école et pourtant très utiles dans la vie, sur le marché du travail, aujourd'hui ou demain. Nous avons nous-mêmes intérêt à croire que ces jeunes ne sont pas pour autant des incapables, eux qui entretiendront notre cadre de vie, veilleront sur nos enfants ou nos parents âgés…

En fait, quand on interroge les employeurs sur les qualités qu'ils recherchent, la fiabilité ou la capacité à travailler en équipe sont bien plus valorisées que les compétences, plus intellectuelles, dont les diplômés sont censés être dotés et les non-diplômés dépourvus. Or ce sont les employeurs, qu'on le déplore ou non, qui définissent ce qui fait que l'on sera embauché, apprécié dans son travail et rémunéré en conséquence. Il n'est pas sûr que cela soit toujours en phase avec une formation professionnelle pointue – les relations entre les formations et les emplois sont nettement moins strictes qu'on a tendance à le penser –, ni surtout avec le mérite scolaire, tel qu'il est actuellement défini. Alors qu'à l'école la réussite se joue sur des disciplines compartimentées et abstraites, il faut admettre que les jeunes auront besoin pour s'insérer de compétences transversales, non académiques, souvent de nature sociale.

Faut-il alors se rabattre sur le très consensuel « plus de la même chose », soit une élévation globale du niveau d'éducation, que certains économistes soutiennent parce qu'elle conforterait la croissance économique tout en améliorant la situation des jeunes ? La réalité résiste… En France, les difficultés des jeunes ne se sont pas estompées avec l'élévation constante de leur niveau de formation, les inégalités scolaires se sont déplacées plus qu'atténuées, et les stratégies de distinction compétitive se sont sensiblement renforcées. Sur le court terme, l'allongement des études supérieures qui a suivi la réforme dite du LMD (licence, master, doctorat), amenant plus de jeunes à bac + 3 et à bac + 5, n'a en rien amélioré l'insertion de ces derniers, bien plus dépendante du niveau de l'activité économique que de leur niveau d'étude. En outre, sur le long terme, même si le diplôme est de plus en plus nécessaire pour s'insérer, l'emploi auquel on accède à diplôme donné est de moins en moins qualifié. À nouveau, d'un point de vue économique, on peut considérer qu'il y a là un gaspillage, quand on observe, par exemple, que moins de la moitié des jeunes dotés d'un master sont cadres trois ans après avoir quitté l'université. Une bonne rentabilité privée des diplômes peut tout à fait coexister avec une sous-utilisation des compétences et avec une dilapidation de fonds publics, dès lors que c'est l'État qui finance les formations.

Il est alors tentant de se retourner contre l'école qui ne jouerait plus son rôle d'« ascenseur social ». Mais comment le pourrait-elle ? On conçoit aisément qu'il était plus facile dans les années 1970, pour un jeune doté d'au moins un bac – environ 20 % d'une classe d'âge –, de monter dans la hiérarchie sociale en s'insérant comme cadre – environ 10 % des emplois –, qu'aujourd'hui où ce niveau d'étude est atteint par plus de 75 % d'une classe d'âge, alors que les emplois de cadres, s'ils sont plus nombreux, ne comptent jamais que pour environ 18 % des emplois. Ce n'est évidemment pas l'école qui crée les emplois, même si l'existence d'une « offre » de diplômés dans certains secteurs peut parfois engendrer une dynamique de développement. En espérant développer, grâce à l'allongement les scolarités, une « économie de la connaissance », on a formé des jeunes qui ne veulent plus être des « manuels » sans être pour autant des « intellectuels », et entre lesquels la compétition sur le marché du travail est bien plus âpre.

Ce mécanisme n'est pas sans conséquences en termes d'attitudes. Au premier rang d'entre elles, il y a les déceptions cuisantes des étudiants qui pensaient qu'un diplôme du supérieur leur garantissait l'entrée dans le monde des cadres. Ces jeunes qui s'estiment déclassés et ceux que l'école a très tôt rejetés sont particulièrement critiques par rapport à la méritocratie censée régir le système : ils doutent que les efforts soient vraiment récompensés et ils jugent souvent la société injuste. Ce scepticisme mâtiné de pessimisme ne va pas dans le sens de l'efficacité économique et de la cohésion sociale, chacun s'estimant plus mal traité que les autres. Certes, l'éducation garde, pour les mieux dotés, un effet positif sur le civisme et la confiance, mais le déclassement et l'obsession du classement minent cet effet pour une part importante de la jeunesse. En définitive, l'élévation du niveau d'instruction au fil de l'eau s'avère incapable d'améliorer la cohésion sociale.

De plus, tout comme l'inflation monétaire, cette « inflation des diplômes » tend à accroître les inégalités sociales : elle favorise ceux qui sont les mieux informés du degré inégal de dévaluation des diverses filières, les moins sensibles au temps, quand il faut aller toujours plus loin, et qui pourront compenser, par leurs ressources familiales, la perte de valeur de diplômes devenus moins discriminants.

Tenter de résoudre les difficultés des jeunes en se contentant d'élever leur niveau d'éducation n'est donc pas une solution. Pour autant, il n'est pas question de renoncer à démocratiser la culture, même si cela entraîne forcément une perte de valeur marchande des diplômes, comme le notait Jean-Claude Passeron dès 1982[1] : « on peut voir les mêmes individus ou les mêmes groupes qui affirmaient il y a peu que la démocratisation de la culture serait réalisée lorsque le jardinier pourrait lire Platon dans le texte se voiler aujourd'hui la face en constatant qu'on risque de se retrouver jardinier avec une licence de grec »...

Un temps pour étudier, la vie pour se former

Il faut donc faire le choix d'une politique éducative qui ne cherche pas sa justification ultime dans des impératifs économiques. Bien sûr, préparer les jeunes à s'insérer est primordial, mais on gagnerait sans doute à distinguer, au fil de la vie, un temps pour l'éducation, un temps pour l'orientation vers des emplois, un temps (sans bornes) pour la formation professionnelle. Cela suppose de revoir à la fois l'articulation entre la formation initiale (générale et professionnelle), l'orientation et la formation continue.

Il y a là des enseignements à prendre chez nos voisins, car c'est précisément sur la façon d'articuler la fonction d'intégration par l'éducation et la fonction de spécialisation pour l'emploi que les systèmes éducatifs se différencient le plus. S'opposent ainsi les pays nordiques qui repoussent jusqu'à 16 ans toute différenciation et privilégient l'intégration jusqu'à la fin de l'école obligatoire, et les pays comme l'Allemagne qui ventilent dès 12 ans les élèves

1. Jean-Claude Passeron, « L'inflation des diplômes. Remarques sur l'usage de quelques concepts analogiques en sociologie », *Revue française de sociologie*, 1982, 23-4, p. 551-584.

dans des voies profilées selon leur avenir professionnel. La France se situe dans l'entre-deux, avec un cursus théoriquement commun à tous jusqu'à 15 ans, mais le maintien d'un climat sélectif, des classes et des établissements souvent hiérarchisés et ségrégés, des options qui très tôt préfigurent l'orientation, sans compter les discours récurrents qui défendent un retour à des filières précoces ! Surtout, nous adhérons de fait à l'adage « qui peut le plus peut le moins » : un travailleur très instruit est capable de faire tout ce que peut faire un travailleur moins instruit, et un niveau académique élevé garantit toutes les qualités non directement intellectuelles pour exceller dans une profession.

C'est donc une « logique de niveau » qui prévaut, alors que les systèmes à l'allemande fonctionnent selon une « logique de compétence ». Mais si ce mode de fonctionnement entraîne tous les effets pervers évoqués précédemment, nous n'avons pas forcément « tout faux ». En effet, les systèmes à filières précoces connaissent des difficultés, non seulement parce qu'autour d'un niveau moyen médiocre ils produisent des inégalités sociales importantes, mais du fait même de l'évolution des emplois qui exigent un niveau scolaire de base plus élevé. L'âge d'entrée en apprentissage y a reculé et les jeunes hésitent davantage à s'y engager, car le prestige des emplois d'ouvriers n'est plus aussi élevé, ce qui rappelle que tout système de formation ne fonctionne sans heurt que s'il prépare à des emplois attractifs.

On ne saurait donc rogner sur la formation générale commune. Les jeunes ne seront pas rivés au même emploi toute leur vie durant, et c'est donc sur un niveau général solide qu'il faut greffer des formations professionnelles assez larges pour que des réorientations soient possibles ensuite. Néanmoins, on ne peut tenir les élèves à l'écart de toute ouverture au monde professionnel pendant la scolarité commune et il faut y développer, non comme une option mais pour tous les élèves, des projets pluridisciplinaires faisant sortir du monde scolaire, non pas pour orienter, mais tout simplement parce que c'est formateur. Ceci devrait faciliter les questions d'orientation. Si tous les jeunes ont pu faire l'expérience concrète de situations de travail, lors de projets ou de stages, bien évidemment contrôlés, alors l'orientation se fera peut-être moins par défaut et sur des critères moins strictement scolaires.

Cela ne suffit pas à régler la question de la sélection tant que les emplois sont inégalement attractifs. Mais on peut imaginer des manières d'organiser une sélection moins scolaire et plus formatrice. Par exemple, dans l'enseignement supérieur, on pourrait substituer à l'actuelle dichotomie entre filières sélectives à l'entrée et filières ouvertes, des structures communes préparant à de grands ensembles de professions : administration, social, industrie… L'accès y serait ouvert et on y combinerait des contenus académiques et des stages intensifs, l'orientation s'y faisant ensuite à la fois sur une certaine connaissance des milieux professionnels et sur une sélection académique. Non seulement le jeu pervers des autosélections serait cassé, mais les orientations se feraient sur une base mieux informée, une certaine sélection pourrait être mieux acceptée et, cerise sur le gâteau, les professionnels d'un domaine auraient partagé ensemble un moment de formation commune.

Parallèlement, aucune orientation ne devrait être irréversible. On peut imaginer qu'au-delà de la scolarité obligatoire tout jeune se voit garanti le droit à un nombre d'années de formation, générale ou professionnelle, consécutives ou non. Les retours en formation, les combinaisons études-emplois et les alternances, actuellement encore peu développés en France, en seraient facilités. On donnerait ainsi des secondes chances aux jeunes ayant quitté le système scolaire précocement, et on dissuaderait peut-être d'autres jeunes d'entrer dans le supérieur sans motivation autre que la peur de ne pouvoir plus jamais le faire ensuite. Ces filières de seconde chance se verraient dotées de moyens aussi élevés que les filières dites d'excellence.

Mais il faut également développer la formation continue : la part des adultes qui y ont accès chaque année est particulièrement faible en France, 6 % contre 25 % ou plus dans les pays de l'Europe du Nord. En outre, accéder à une formation professionnelle est d'autant plus fréquent qu'on est soi-même diplômé : les jeunes sans diplôme ont presque trois fois moins de chances d'en bénéficier que les diplômés du supérieur. Dans tous les cas, la formation continue ne constitue pas encore dans notre pays une véritable alternative à la formation initiale, et le clivage entre les deux y est particulièrement accentué. On ne voit guère d'obstacles politiques forts à un rapprochement, si ce n'est les réticences du monde scolaire à se dessaisir de son quasi-monopole sur les certifications, et les divergences d'intérêts entre les mieux formés et les autres.

Les obstacles sont sans doute plus forts à l'encontre d'une remise en cause des modalités actuelles de l'articulation formation/emploi, qui donnerait moins de poids au diplôme dans les recrutements. Pourtant, si on entend vraiment lutter contre les inégalités sociales, on ne peut se contenter d'agir au sein de l'école, alors que ce qui se passe après, le rôle que joue le diplôme à l'entrée de la carrière et au-delà, est tout aussi important. Il y a parfois une authentique discrimination par le diplôme, car s'il fonctionne dans certains domaines comme une garantie de compétences dont les enjeux peuvent être vitaux, dans nombre d'emplois, il est seulement un critère commode mais pas toujours justifié de sélection des candidats. On pourrait inviter à expérimenter, dans certaines professions, une sélection sur entretien et compétences manifestées en situation, sans prise en compte du diplôme, à l'instar des CV anonymes.

Une société diversifiant les épreuves et multipliant les voies d'accès à l'emploi serait moins injuste et moins rigide qu'une société confiant à une seule institution le pouvoir de décider du sort des individus. Sans doute, les autres modes d'accès à l'emploi – les relations, les stages, les tests à l'embauche – n'annulent-ils pas plus les inégalités de naissance que l'école, et parfois bien moins. Néanmoins, donner un poids moindre aux certifications scolaires ne renforcerait pas forcément les inégalités : les comparaisons internationales montrent que la mobilité sociale entre générations est d'autant plus forte que les relations entre formation et emploi sont plus lâches. Mais la prégnance de l'idéologie méritocratique en France ancre la conviction selon laquelle plus nous donnons d'importance aux diplômes, plus la société est juste. Intervient aussi le fait que nous faisons bien plus confiance à l'État qu'aux entreprises, non seulement pour organiser la formation professionnelle, mais pour encadrer l'entrée dans la vie active et s'assurer que les conditions de travail y sont dignes. Cela rend problématique tout emprunt ponctuel à d'autres pays : le système dual allemand que beaucoup envient ne marche que parce qu'il est niché dans une organisation du travail, des hiérarchies entre les travailleurs et une implication des employeurs, des syndicats de salariés et des régions qui forment système.

On peut défendre à la fois « plus d'école » au sens de plus d'éducation, de culture, de bagage commun effectif, et « moins d'école » au sens de moins d'emprise des diplômes, notamment des diplômes obtenus en formation initiale, sur l'ensemble de la vie professionnelle. Mais la formation n'est pas tout. Alors que nous avons réussi à transformer le statut des seniors en quelques décennies, nous devons être capables de mettre sur la table la question d'une politique de la jeunesse qui ne peut se réduire à les garder le plus longtemps possible à l'école. Plus difficile encore sans doute, l'État et les employeurs doivent prendre conscience du fait que nombre des difficultés de formation, d'orientation et de recrutement prennent racine dans les inégalités de tous ordres entre les emplois, avec à la clé des injustices et des tensions contraire à l'efficacité. Tant qu'il y a des emplois dont personne ne veut, les carrières scolaires prennent la forme d'un gigantesque « sauve-qui-peut »…

8. Bâtir une école plus juste

Du point de vue de ses valeurs, de son organisation et de ses directives, l'école française devrait être parmi les plus égalitaires et les plus équitables. L'école française est relativement homogène par ses programmes, ses examens nationaux, le statut de ses enseignants, sa centralisation et sa gratuité plus étendue que dans bien des pays comparables. La massification amorcée à la fin des années cinquante, ouvrant les portes des lycées à tous ou presque tous les élèves, aurait dû faire de notre école une institution relativement juste, en tout cas plus juste et plus égalitaire que ne l'est la société.

Il n'en est rien et la déception est profonde. L'école française engendre de fortes inégalités de performances entre les élèves. Elles ne cessent de se creuser au fil de la scolarité, à tel point qu'à 15 ans l'écart entre les meilleurs et les plus faibles y est plus large que dans la plupart des pays comparables et, pour autant, les très bons élèves n'y sont pas particulièrement nombreux. Plus encore, en France, la position sociale des parents détermine plus fortement qu'ailleurs la carrière scolaire de leurs enfants. Les comparaisons internationales démontrent que, dans notre pays, l'ampleur des inégalités scolaires est plus grande que le supposerait la seule amplitude des inégalités sociales. Autrement dit, l'école « en rajoute » un peu aux inégalités sociales.

Comment expliquer cette distance entre nos intentions et nos pratiques, et surtout, comment essayer de construire une école plus juste et moins inégalitaire ?

Égalité des chances, égalité des résultats

Longtemps, l'essentiel de la sélection scolaire était réalisé de manière précoce et directe en fonction de l'origine sociale des élèves : les uns allaient à l'école élémentaire afin d'y obtenir, pour la moitié d'entre eux environ, le certificat d'études primaires, les autres entraient au petit lycée pour y décrocher un baccalauréat. Il arrivait que quelques enfants, particulièrement doués et vertueux, échappent au destin scolaire des classes populaires et deviennent les boursiers méritants de la République.

Ce fonctionnement semblant, à bon droit, parfaitement injuste quand s'accroissaient les aspirations égalitaires et la richesse des ménages, la massification de l'école française a été construite sur un modèle de justice postulant l'égalité de traitement de tous les élèves : l'égalité des chances. Dans ce cadre, tous les élèves entrent dans la même école et, formellement en tout cas, tous peuvent prétendre à la plus grande réussite scolaire grâce à une compétition équitable, puisque la sélection ne se fait que sur les performances objectives des élèves. Comparée à l'ancienne école républicaine séparant précocement les élèves en fonction de leur naissance, l'égalité des chances est incontestablement plus juste.

Mais, aussi indiscutable soit-il, ce modèle de justice se heurte à de très grandes difficultés. D'abord, toutes les enquêtes sociologiques démontrent obstinément que l'école ne parvient pas à neutraliser les effets des inégalités culturelles et sociales des familles. De plus, comme l'égalité des chances exige que chacun ait droit à l'excellence, tous les élèves sont soumis aux programmes et aux exigences qui étaient jusque-là réservés à l'élite scolaire et sociale. Non seulement tous les élèves ont droit à l'excellence, mais tous ont le devoir d'y prétendre. Ainsi, le collège unique créé en 1975 a été pensé comme le premier cycle de l'ancien lycée « bourgeois ». Cette norme exigeante explique que l'échec de l'égalité des chances se mesure à la rareté des élèves d'origine modeste dans les meilleures filières et les meilleures écoles, alors que l'on s'indigne nettement moins de leur présence massive dans les filières les plus courtes et les moins prestigieuses.

Au bout du compte, l'école de l'égalité des chances méritocratique fonctionne comme une vaste machine à trier les élèves à partir de la norme des voies royales de l'excellence scolaire. Et quand les élèves sont trop faibles, on leur propose de redoubler ou de bénéficier de soutiens visant, souvent sans succès, à les remettre dans la compétition. Ceux qui se sont montrés méritants choisissent leur orientation, les autres la subissent, et la confiance dans la justice scolaire faiblit inexorablement car, plus on affirme l'idéal de l'égalité des chances, plus l'école paraît responsable des inégalités qu'elle produit et reproduit de génération en génération. Au fond, tout se passe comme si, au nom de l'égalité des chances, tous les élèves devaient être des champions, alors que le champion est toujours défini par sa rareté et son exception. Mais, comme la compétition est formellement équitable, les inégalités qui en résultent peuvent être tenues pour justes, en tout cas par les vainqueurs. Dès lors, l'idéal de l'égalité des chances, peu contestable dans son principe, se retourne contre lui-même dans une école qui ne cesse de distinguer et de séparer les élèves par le jeu des filières, des options et de la réputation des établissements.

Face à ce modèle, nous pourrions viser l'égalité des résultats. L'objectif de l'école ne serait plus de trier équitablement les élèves, mais celui de la plus grande égalité possible des résultats et des performances des élèves. L'égalité des résultats vise moins à dégager une excellence et à hiérarchiser les élèves selon leur mérite qu'à conduire tous les élèves vers le plus haut niveau possible, mais possible pour tous. Alors que l'égalité des chances juge de la qualité de l'école au nombre d'enfants d'origine modeste qui accèdent à l'élite, l'égalité des résultats se préoccupe d'abord des performances des élèves moyens et faibles et considère que l'école doit produire de l'égalité avant que de distinguer une élite, fût-ce de manière équitable.

Le problème n'est pas que l'école ait le souci, légitime, de former une élite, de développer tous les talents jusqu'à leur niveau le plus élevé, mais qu'elle oriente tout son fonctionnement en ce sens, en disqualifiant tous ceux qui n'excellent pas dans les disciplines qu'elle privilégie. Car les élèves jugés faibles à cette aune ne méritent pas moins d'être éduqués et leur rôle social ne sera pas moins utile que celui des élites. L'école française n'est pas trop élitiste parce qu'elle produit des élites, ce qui est une bonne chose, mais elle est trop élitiste parce que tout son fonctionnement semble commandé par la production des élites.

Les très fortes inégalités scolaires que l'on observe en France n'ont rien de fatal, puisqu'elles sont bien plus faibles dans nombre de pays. Ces pays qui « produisent » moins d'élèves faibles évitent de séparer précocement les bons et les moins bons et se montrent capables de proposer des objectifs et des programmes que la grande majorité des élèves peut atteindre. Ici, la bonne école doit unir les élèves plutôt que de les diviser. Aux programmes ambitieux accessibles à une minorité, il faut opposer des programmes que tous doivent acquérir. Le niveau moyen s'élève et les écarts se réduisent.

La querelle entre ces deux conceptions de la justice scolaire n'est pas près de s'éteindre. Les tenants de l'égalité des chances reprochent aux avocats de l'égalité des résultats de faire baisser le niveau, de nier les différences des talents et de tirer l'école vers le bas. Les tenants de l'égalité des résultats accusent les avocats de l'égalité des chances de ne se soucier que des bons élèves, de choisir le camp des vainqueurs et d'ignorer la majorité des élèves. Mais cette querelle devenue rituelle pose un véritable problème, car l'école doit, à la fois, promouvoir l'égalité des chances et assurer la plus grande égalité des résultats possibles. Les talents, les mérites et les singularités doivent être reconnus, sans que la norme d'excellence conduise au mépris et à l'exclusion des moins bons des élèves. L'école doit considérer que tous les élèves sont capables de réussir, ce qui conduit à articuler d'une manière nouvelle les deux conceptions antagoniques de la justice scolaire.

Le commun et les singularités

L'égalité des résultats exige que les élèves, collégiens et lycéens, bénéficient d'un enseignement commun visant l'acquisition d'une culture commune et d'un socle commun de compétences. Les disciplines et les compétences considérées comme fondamentales doivent être au centre de cet enseignement qui permet de ne pas séparer les élèves en fonction de leurs capacités réelles et supposées.

Au collège, le principe de l'hétérogénéité des classes et du socle commun est en principe acquis bien que l'on sache que diverses stratégies, comme le choix des langues, permettent de le détourner. Alors que nous pouvons souhaiter que les élèves fassent du grec et du latin, on ne peut ignorer que ces choix permettent de faire des classes homogènes et d'anticiper des parcours scolaires où ces langues seront le plus souvent abandonnées une fois leur fonction sélective accomplie. Au lycée, le jeu des filières participe totalement du mécanisme inégalitaire, puisque la hiérarchie des choix est, en réalité, celle des valeurs scolaires. Cela accentue les inégalités scolaires – fortement déterminées par les inégalités sociales – et bien souvent les élèves choisissent moins ce qui leur plaît que ce qui les distingue. Les bons élèves choisissent des filières scientifiques, sans toujours aimer les sciences et sans se destiner aux métiers scientifiques. Au bout de la chaîne, les moins bons élèves sont orientés contre leur gré vers des formations où il reste des places. Ce système est inégalitaire, indifférent, voire contraire, aux projets et aux choix des élèves, il les enferme dans des parcours et des profils dont ils auront parfois beaucoup de mal à sortir.

Pour essayer d'échapper à ces impasses et à ces paradoxes, la construction de l'enseignement secondaire autour d'une culture commune est un impératif en termes d'égalité des résultats. Le socle permet de dire explicitement ce que l'école exige de tous sans imposer un tri que bien des élèves supportent mal et un niveau d'exigences que fort peu d'élèves atteignent. D'ailleurs, nous l'avons vu, les élèves français se caractérisent par leur très faible confiance en eux, par le sentiment obsédant de n'être jamais à la hauteur, y compris chez les bons élèves, pendant que de nombreux jeunes décrochent face aux orientations subies.

Cependant, le système d'un enseignement commun autour d'un socle partagé n'est pas tenable jusqu'au bout face à la diversité des élèves, à celle de leurs compétences, de leurs goûts et de leurs projets. Le choix de l'égalité ne signifie pas que tous les élèves aient les mêmes aspirations et les mêmes compétences scolaires, mais que tous doivent être formés le mieux possible. C'est pour cette raison que l'école doit offrir des modules et des options pour une part choisis par les élèves. Une partie de ces modules peut soutenir les plus faibles, mais une autre part doit permettre aux élèves qui en ont le goût et le talent de renforcer leurs apprentissages dans les disciplines académiques où ils excellent. À côté du socle commun, on doit pouvoir faire plus de mathématiques, plus de français, plus de langues, plus de sciences sociales, plus de technologie, plus de musique… Plus de ce qu'on aime et de ce qui permet d'exceller.

Évidemment, ces modules entérinent des inégalités entre les élèves ; personne n'est assez naïf pour l'ignorer, tout en sachant que toutes les inégalités ne tiennent pas à l'origine sociale. Mais l'avantage de ces modules destinés aux faibles et aux meilleurs est de ne pas regrouper définitivement les élèves par niveaux et de leur permettre de faire des choix (en fonction des modules disponibles). On peut aussi imaginer que ces modules limitent la fuite des établissements les plus faibles, là où les bons élèves ont le sentiment de ne pas être véritablement soutenus et encouragés. Grâce à cette articulation d'un socle et de modules différenciés, l'excellence des uns n'affaiblirait pas le niveau des autres, puisque tous bénéficient des enseignements du socle. Ce système serait moins injuste que celui des classes européennes et des regroupements par options rares, et chères, conduisant à donner plus à ceux qui ont déjà plus.

Les modules offerts pourraient aussi correspondre à d'autres formes d'enseignements, à des compétences dans des disciplines jugées moins académiques ou bien encore autour de projets en sciences, technologie, informatique, sport, littérature, langues anciennes… Les enseignants pourraient diversifier leur travail entre le socle commun et les modules, et chaque élève pourrait construire son propre profil, affinant progressivement ses goûts et ses projets. Il pourrait se tester et choisir des formations *a priori* « inutiles », mais lui permettant de mesurer sa valeur et ses compétences. Il faut insister sur les vertus des expériences dans lesquelles les élèves s'engagent sans que celles-ci anticipent plus ou moins une finalité professionnelle. Il est bon de se former en montant un groupe de musique, sans envisager pour autant de préparer les concours du conservatoire et quand on voit l'enthousiasme, l'énergie et l'intelligence que les jeunes mettent dans leurs passions musicales, informatiques ou sportives, et le faible intérêt que ces mêmes élèves manifestent parfois pour les disciplines scolaires, il faut bien donner une place à ces passions qui peuvent réconcilier les projets et les compétences de chacun. Les élèves savent que ces apprentissages sont décisifs dans leur manière de grandir. En multipliant les opportunités et les formes d'apprentissage, l'école pourrait faire une place aux singularités individuelles sans les réduire systématiquement à l'ordre des classements[1].

Bien sûr, ce système réarticulant l'égalité des chances, l'égalité des résultats et les choix individuels entraînerait une profonde réorganisation de la vie scolaire et rien n'indique que tous les collèges et tous les lycées de France offriraient exactement les mêmes modules à tous les élèves. Mais on doit rappeler que c'est déjà le cas, et que, pour le moment, ces différences d'offre scolaire sont surtout de très profondes inégalités masquées derrière un vague décor homogène.

Le bac : certificat ou concours ?

Progressivement, cet affaiblissement des filières au profit de la singularité des parcours obligerait à redéfinir les examens et les processus d'orientation. La filière et la nature du baccalauréat ne seraient plus des indicateurs tenus pour les seuls indicateurs pertinents des compétences et des projets des élèves et l'enseignement supérieur devrait examiner les dossiers et les motivations de chaque candidat, plutôt que trier « en gros » par la filière et l'année du bac.

Tant que le bac était décerné avec parcimonie, on pouvait penser qu'il indiquait un niveau général satisfaisant, bien que, face à la massification des années cinquante et soixante, l'année de propédeutique ait eu pour but de refroidir les ambitions des étudiants. Mais quand le bac est obtenu par plus des deux tiers d'une classe d'âge, sa signification change profondément.

1. La philosophie d'une articulation du socle et des modules est largement présente dans le projet de réforme du collège proposé par Najat Vallaud-Belkacem le 11 mars 2015. Cette manière de faire existe déjà dans des établissements expérimentaux comme le collège Clisthène à Bordeaux. Nos propositions prétendent d'autant moins à une originalité radicale que l'on en trouve déjà le principe dans de nombreux rapports.

D'une part, il devient un certificat de fin d'études secondaires permettant de continuer des études. D'autre part, avec la multiplication des filières, des mentions, des options au sein des trois grandes familles du diplôme (général, technologique et professionnel), le bac fait office de pré-concours d'entrée dans le supérieur. Il serait sans doute sage de séparer progressivement ces deux fonctions afin de permettre aux élèves de se préparer de manière plus efficace et plus singulière à leurs études supérieures. L'orientation serait alors une fonction essentielle des lycées et des établissements de l'enseignement supérieur.

Ce serait à la fois plus efficace et plus équitable que le système actuel qui sélectionne les bons élèves des bonnes filières vers les formations sélectives de l'enseignement supérieur, et qui laisse les autres aller là où on veut bien d'eux, quitte à ce que parfois un tiers d'entre eux découvrent, en ayant perdu une ou plusieurs années, que ces formations ne correspondent ni à leurs goûts ni à leurs capacités. Sachant que près de la moitié des étudiants sont sélectionnés à l'entrée dans le supérieur, y compris dans certaines filières universitaires, le mot d'ordre « non à la sélection à l'entrée à l'université » fonctionne comme un piège réservé à ceux qui n'ont du bac que le certificat de fin d'études secondaires, alors que les autres bénéficient de la sélection. Cela n'est bon ni pour les étudiants ni pour les universités.

Un diplôme sanctionnant un niveau général, d'une part, et des modes de sélection privilégiant des compétences singulières, d'autre part, permettraient aux élèves de mieux s'orienter et placeraient les établissements de l'enseignement face à leurs responsabilités. Chaque élève doit être considéré comme capable d'apprendre et de réussir dans certains domaines. L'organisation scolaire doit être conforme à cette exigence en traitant les élèves comme des individus égaux, singuliers et tous capables ! Elle doit éviter de les placer dans des « tubes » hiérarchisés dont ils ne sortent que par le haut ou par l'échec.

L'équité de l'offre

Même si nous sommes collectivement très attachés à l'égalité scolaire, chacun de nous préfère l'inégalité dès qu'il s'agit de ses propres enfants. L'écrasante majorité des parents n'ignore pas que le niveau scolaire de leurs enfants détermine largement leur avenir social et professionnel. Par conséquent, chacun sait que la valeur d'un diplôme tient à son caractère sélectif et à sa rareté relative. Aussi, les familles qui le peuvent choisissent les meilleurs établissements et les meilleures filières. Pour ceux qui vivent dans les bons quartiers le problème ne se pose guère, mais, pour les autres, il importe de choisir le meilleur établissement, qu'il soit public ou privé. Sans condamner moralement les parents, il est évident que la demande scolaire est profondément inégalitaire. Au terme de ces choix, les établissements et les formations les moins favorisés se dégradent par la fuite de ceux qui le peuvent, pendant que les plus favorisés peuvent renforcer leur sélectivité. Précisons que ce mécanisme inégalitaire se déploie à la fois dans le public et dans le privé, le succès du privé reposant d'abord sur la défiance envers le public. Mais comme la carte scolaire reproduit les inégalités sociales, il semble difficile de s'opposer à cette logique, sauf à exiger des moins favorisés qu'ils soient républicains pour deux, tout en sachant que les classes les plus favorisées bénéficient d'un cadre scolaire de qualité ou qu'elles ont les capacités de changer de cadre.

Ce n'est donc pas sur la demande que l'on peut agir, mais sur l'offre, de telle sorte que la carte des formations et des établissements ne pousse plus les acteurs, les élèves et leur famille à renforcer les inégalités scolaires en faisant les choix les plus rationnels à leurs yeux. Le problème est ancien et a déjà été posé par la création des ZEP et de leurs divers succédanés. Ces politiques inégalitaires visant à accroître l'équité de l'offre scolaire en donnant plus à ceux qui ont moins sont parfaitement légitimes. Mais il faut bien constater qu'en dépit des volontés politiques nous sommes très loin du compte. Les établissements « chic » de centre ville coûtent toujours sensiblement plus cher avec des enseignants anciens et souvent plus diplômés que ceux des établissements défavorisés accueillant les enseignants débutants. On continue donc à donner plus à ceux qui ont plus. Mais plus encore que le coût, c'est la gestion du personnel qui accentue les inégalités de l'offre scolaire. Alors que les équipes éducatives stables et expérimentées peuvent se constituer dans les « bons » établissements, les écoles et les collèges des quartiers les plus difficiles accueillent les débuts de carrière et connaissent des taux de *turn over* tels que les quelques moyens supplémentaires ne peuvent pas en compenser l'instabilité. Si on en juge par les demandes de mutations, enseignants et chefs d'établissements considèrent que le travail dans ces établissements est un mauvais moment à passer. Et comment le leur reprocher quand on connaît les difficultés qu'ils rencontrent ? Il n'empêche qu'au bout du compte on donne moins à ceux qui ont moins et que la confiance dans l'école se dégrade. Comment faire confiance à un établissement dans lequel les enseignants ne mettent jamais leurs enfants et dans lequel le tiers de l'équipe change tous les ans ?

À cette redistribution à l'envers qui se réalise à travers ces inégalités de l'offre locale s'ajoute le fait que la structure des coûts entre les différents niveaux scolaires « profite » elle aussi inégalement aux élèves. En effet, le lycée français coûte, par élève, 28 % de plus que la moyenne des lycées des pays de l'OCDE, alors que l'école élémentaire française coûte, elle, 17 % de moins que cette moyenne. Or non seulement tous les élèves passent par l'école élémentaire, ce qui n'est pas le cas pour le lycée, mais c'est à l'école élémentaire que se mettent en place les inégalités les plus durables, tandis que s'affinent au lycée les stratégies de distinction qui feront les belles carrières. On sait aussi qu'une année d'étude en classe préparatoire aux grandes écoles ou en IUT coûte plus cher qu'une année en premier cycle universitaire… Il est donc clair que l'on doit répartir plus équitablement les ressources.

Alors qu'il semble très difficile d'agir sur la demande et de contraindre les choix des parents, surtout quand on sait que les plus favorisés échapperont à ces contraintes, il est possible d'agir sur l'offre afin qu'elle n'exacerbe pas les effets inégalitaires de la demande. La « transparence des coûts » devrait conduire à rééquilibrer les dépenses en faveur de l'école élémentaire et maternelle et des établissements les moins favorisés et de l'éducation prioritaire, ce qui exigera sans doute une forme d'héroïsme politique puisque les catégories sociales bénéficiant de ces inégalités ne seront pas disposées à y renoncer, pas plus que les corporations professionnelles concernées, et parce que quelques intellectuels justifieront toujours ces inégalités au nom du rayonnement culturel de la France et de la grandeur de leur propre passé scolaire : l'école est admirable puisqu'elle m'a fait ce que je suis !

La question du mode d'affectation des enseignants est plus sensible encore car, s'il est vrai que les conditions de travail et de vie dans les établissements des quartiers les plus pauvres sont extrêmement difficiles, il n'est pas juste, pour les élèves en tout cas, de les réserver aux débuts de carrière. Il faut donc que de vrais avantages en termes de conditions de travail, voire de revenus, soient offerts à ces enseignants, alors que l'on est plus tenté de les réserver à ceux qui finissent leur carrière dans les collèges et les lycées prestigieux. Mais au-delà de ces questions, il importe de savoir si l'on peut élever la qualité de l'offre scolaire des établissements populaires, afin que ceux qui les fuient n'aient plus de bonnes raisons de le faire. En la matière, les modules d'excellence peuvent jouer un rôle décisif ; on pourrait être scolarisé dans un établissement populaire sans être « tiré vers le bas », tout en bénéficiant de la qualité et de la stabilité des équipes éducatives. Il importe de rappeler que tout cela n'est pas impossible et que bien des écoles élémentaires, des collèges et des lycées, situés dans des environnements très défavorables, sont cependant d'une grande qualité grâce au dynamisme et à la compétence des équipes éducatives. Il est seulement dommage que l'on attende ces vertus du hasard des affections et des affinités électives. En termes de justice scolaire, l'élévation de la qualité de l'offre éducative est bien plus décisive que la mise en place de « cordées de la réussite » visant à sauver ce qui mérite de l'être. Mais l'une n'empêche pas l'autre.

Si l'on ne peut guère empêcher les familles de choisir les établissements et les formations qui leur conviennent, il n'est pas acceptable que les établissements, publics et privés sous contrat, fassent leur « marché » parmi les élèves en n'accueillant que les meilleurs et donc, souvent, que les plus favorisés. Pour cette raison, il serait normal que les établissements, publics et privés, se voient imposer des quotas tenant au niveau scolaire des élèves et que les ressources allouées soient affectées d'un coefficient « social », afin que l'inégalité de l'offre scolaire ne redouble pas l'inégalité de la demande. L'école républicaine s'accommode trop aisément des situations de concentration et de monopoles qui voient quelques lycées parisiens et de quelques grandes villes de province avoir un quasi-monopole de la préparation efficace aux écoles les plus prestigieuses, pendant qu'à l'autre bout de la chaîne, des établissements acceptent tous les élèves dont personne ne veut plus. Mais notre attachement à la formation des élites est si fort, et ces élites ont un tel accès à l'espace public qu'il est bien rare que ce système soit mis en cause tant qu'il a toutes les apparences de l'égalité et de la méritocratie. Il est normal et bon que le système scolaire forme des élites, dont les qualités seront utiles à tous, mais il n'est ni juste ni bon que la formation de ces élites commande la totalité du système.

En France, bien plus que dans la plupart des pays comparables, nous sommes persuadés que l'école, et parfois l'école seule, peut produire des inégalités justes et légitimes sur le modèle de l'égalité des chances méritocratique. Cette croyance, en principe non contestable, se retourne contre elle-même quand elle finit par donner à l'école le monopole de la définition du mérite et de la sélection. Non seulement celles et ceux dont le mérite ne se manifeste pas dans les formes scolaires canoniques sont exclus du jeu, mais, surtout, ils n'ont plus beaucoup de chances de concourir quand ils ont épuisé leurs chances scolaires. L'école sera d'autant moins injuste que tout ne jouera pas définitivement dans le parcours scolaire et que l'on pourra admettre qu'il existe d'autres formes de mérite que celles que sanctionnent les études. Sans doute, la transformation des mœurs et des cultures ne se décrète pas, mais l'offre d'une formation tout au long de la vie pourrait, au moins, libérer un peu l'école des attentes qui l'écrasent.

9. Réinventer l'institution scolaire

Ce qui se passe dans une classe dépend du fonctionnement de la vaste machine administrative, du système qui définit les rôles des uns et des autres, qui fixe les horaires et les programmes, qui attribue les locaux et les ressources, qui définit les règles et les objectifs. Ce système fonctionne, comme le démontrent de manière éclatante les rentrées des classes et les épreuves du baccalauréat : sur plus de dix millions d'élèves, quelques centaines de classes seulement se trouvent sans maître à la rentrée et, sur les millions de copies du bac, il ne s'en égare de quelques milliers ! Le système organise bien l'école, mais il n'est pas certain qu'il la gouverne, qu'il soit en mesure de lui donner un cap, voire de lui faire changer de cap.

Les problèmes de l'organisation scolaire ne se mesurent pas seulement en termes d'efficacité et de gouvernance, ils posent aussi, et plus fondamentalement, la question de la nature de l'institution. L'organisation scolaire républicaine dessinée à la fin du XIXe siècle était au service d'une institution fondée sur des principes perçus comme incontestables, sur une conception particulière de la vocation des maîtres, sur la sanctuarisation de l'école. Quand ce modèle et l'imaginaire qui le porte s'épuisent, faut-il sans cesse en appeler à ses mannes pour refonder l'école, ou faut-il imaginer une autre figure de l'institution ?

Immobilisme et fébrilité

A priori, l'organisation scolaire fonctionne selon un idéal bureaucratique. Le ministère applique la politique d'un gouvernement démocratiquement élu. Par la voie hiérarchique, les fonctionnaires mettent en œuvre cette politique et l'inspection s'assure du respect des règles établies. Dans un système très centralisé, les divers échelons accomplissent ainsi la volonté générale selon un modèle bureaucratique parfait où chaque acteur détient une part de la légitimité et de l'autorité que la nation lui confère. Cette organisation est bien plus qu'un mode de gestion des hommes et des ressources ; elle est aussi une conception de l'éducation. Dans l'idéal de l'école républicaine, les maîtres fondaient leur autorité et leur légitimité sur leur vocation, sur leur identification aux principes supérieurs de la Raison, de la nation et de la culture classique. L'école était aussi un sanctuaire protégé des désordres et des passions du monde « profane », un monde qui ne rendait de comptes qu'à lui-même par le biais de l'inspection. Le système symbolique de l'école républicaine ressemblait à celui de l'Église dont elle voulait se détacher ; il devait former des citoyens de la même manière que l'Église formait des croyants.

En réalité, le fonctionnement de l'école est très éloigné de ce modèle idéal. La volonté générale issue des urnes ne peut être mise en œuvre que si les acteurs de l'école y adhèrent, ou, pour le moins, y consentent. Or ces acteurs sont des professionnels, nécessairement autonomes une fois qu'ils sont dans leur classe, et ils ont des intérêts symboliques et matériels représentés par une multitude d'organisations, de syndicats et d'associations qui entrent normalement dans un jeu de négociation interne au ministère. On compte une centaine de ces corps identifiés aux diverses professions, et au sein des professions, aux divers segments disciplinaires. Tous ces corps ne sont pas, par nature, conservateurs, mais tous savent qu'une nouvelle politique risque de bousculer les positions relatives des uns et des autres et, surtout, les échelles de prestige attachées à ces positions : les niveaux d'enseignement, les masses consacrées aux disciplines, les coefficients, les déroulements de carrière… Or, les syndicats mobilisent plus facilement leurs adhérents sur la défense des statuts et des positions que sur leur transformation, la somme du jeu invite à ne rien changer comme le montrent la plupart des grandes consultations dans lesquelles la volonté du ministre se heurte à la défense des rangs, des acquis, des manières de faire et de l'honneur de chaque corps. Comme la durée de vie politique des ministres est nettement plus faible que celle des responsables syndicaux et des divers corps de l'administration, les politiques, de droite et de gauche, découvrent vite leur faible capacité d'action.

Faute de pouvoir peser sur le cœur du système, les responsables politiques sont tentés d'agir par la périphérie en s'appuyant sur les acteurs les plus dynamiques et les plus innovants. Ainsi a-t-on multiplié les dispositifs et les politiques visant à répondre à une foule de problèmes sans jamais toucher au fonctionnement « normal » de la machine. Il n'existe probablement personne, en tout cas pas les auteurs de ces lignes, capable de décliner la liste de ces dispositifs et des sigles qui vont avec, dispositifs ciblant chaque fois un problème spécifique : soutien scolaire, dispositifs périscolaires et culturels, cordées de la réussite et internats d'excellence, itinéraires spécifiques, dispositifs visant les élèves aux besoins particuliers, programmes de lutte contre les inégalités entre les sexes, lutte contre le décrochage… Ces dispositifs ont des qualités incontestables : ils montrent que l'Éducation nationale n'ignore rien des problèmes qu'elle rencontre et qu'elle crée parfois, ils montrent aussi que le « mammouth » n'est pas assoupi et qu'une foule d'enseignants possède une énergie et une générosité inépuisables. Mais les défauts de ce mode de gouvernance ne sont pas minces. Il n'intervient que sur les problèmes et les cas difficiles, considérant que le cœur routinier du système ne saurait être affecté. Les multiples dispositifs ne sont guère évalués et ils finissent par s'accumuler au point d'être illisibles, ou par disparaître sans que l'on sache pourquoi. Enfin, ils reposent sur les vertus et l'enthousiasme des individus, enseignants, recteurs, inspecteurs, chefs d'établissements, bien plus que sur les vertus du système lui-même. Face aux blocages, on ne cesse d'en appeler à l'innovation et à l'expérimentation, surtout dans les établissements les moins favorisés, là où, de toute évidence, le modèle normal ne marche pas. Ne pouvant atteindre le centre de la machine, on agit toujours plus en aval qu'en amont des problèmes, plus à la périphérie qu'au centre, plus sur les problèmes avérés que sur leur prévention.

Au bout du compte, il se crée une double image du système éducatif. Vu de loin et vu de haut, c'est un système immobile et conservateur que rien n'affecte vraiment. Vu de plus près, c'est un système fébrile et agité, soumis au rythme incessant des réformes plus ou moins avortées ou perdues de vue, et des dispositifs plus ou moins éphémères. Ce système épuise les acteurs puisque « plus ça change, plus c'est pareil ». Le ministre n'a guère le choix : soit on l'accuse de ne rien faire, soit on l'accuse d'en faire trop. Soit il est à droite et se heurte à un préjugé hostile des enseignants, soit il est à gauche et les syndicats attendent plus de moyens et pas de réformes. Dans les deux cas, il est mal armé pour transformer le système et l'histoire des quarante dernières années révèle une succession de rapports, de projets de réformes, de textes parfaits mais sans effets, de protestations et de résistances d'où émerge l'éternel retour des mêmes thèmes et des mêmes projets, tout se passant comme si jamais la volonté politique ne pouvait vaincre l'inertie du système. L'expérience aidant, les responsables politiques ont acquis la certitude que les politiques scolaires sont dangereuses ; on ne se remet jamais d'avoir mis les lycéens dans la rue.

Pourtant l'école a changé. Elle a même profondément changé

parce qu'elle a dû s'adapter sans cesse aux mutations de la société et, plus encore, aux effets de la massification qui ne permet plus de trier les élèves de manière aussi drastique que naguère. Mais l'école s'est transformée de mauvaise grâce, non parce qu'on peut faire mieux, mais parce qu'il n'est plus possible de faire toujours pareil. L'école a changé, mais elle ne s'est pas réformée, elle n'a jamais été véritablement en mesure de maîtriser ses mutations et d'imaginer une organisation nouvelle, des règles et des cadres plus efficaces et mieux adaptés à la nature des problèmes rencontrés. C'est en ce sens que l'on peut dire que si l'école est organisée et dirigée, elle n'est pas véritablement gouvernée et pilotée.

Tous ces appels à la bonne volonté et ces piétinements engendrent un profond sentiment de crise parce que c'est le modèle institutionnel qui est mis à mal. À travers les problèmes d'organisation et de management, se pose la question de savoir si l'institution scolaire peut survivre et résister aux changements qui l'affectent, ou s'il importe, aujourd'hui, d'imaginer une autre forme institutionnelle, une autre manière de faire l'école.

Cependant, il ne serait pas sérieux d'en appeler au grand soir scolaire et de penser qu'un plan rationnel et parfait pourrait être mis en œuvre du jour au lendemain. Ce qui n'est déjà pas possible dans l'industrie l'est encore moins dans l'éducation qui ne fonctionne que sur l'engagement des acteurs. Sans oublier les effets d'échelle et le fait que l'Éducation nationale n'est pas vraiment une petite entreprise ou une *start up*. Plutôt qu'un plan, mieux vaut esquisser quelques principes capables de donner un nouveau visage à l'institution.

Accorder le statut au métier

Si l'on s'en tient à une lecture formelle, le statut des enseignants est défini par un service, des heures de classe impliquant un temps de préparations et de corrections auquel s'ajoutent quelques réunions inévitables comme les conseils de classe. Évidemment, cette définition étroite du statut ne correspond pas au métier réel des enseignants qui aident les élèves de manière individualisée, reçoivent les parents, participent à de nombreuses réunions avec leurs collègues pour monter des projets et des dispositifs, choisissent de se former, acceptent des responsabilités collectives, rencontrent les travailleurs sociaux… Leur travail réel excède donc largement leur travail statutaire et la plupart des enseignants en font plus et font autre chose que ce que leur statut exige.

Toute la difficulté vient de ce que ce travail « supplémentaire » dépend en réalité de la bonne volonté des individus et du climat des établissements qui les poussent plus ou moins à cet engagement. Dans telle école élémentaire, « l'heure des mamans » est réduite au minimum et les enfants ne quittent guère l'établissement pour aller à la découverte hors des murs ; dans tel autre, les relations avec les parents sont denses et chaleureuses et l'école multiplie les projets et les initiatives. Dans tel collège, toute la vie collective et toutes les initiatives pédagogiques reposent sur les épaules de quelques-uns pendant que leurs collègues en restent à une conception étroite de leur travail. En définitive, le système fonctionne sur les bonnes volontés et ce n'est pas être excessivement critique que de dire que la répartition aléatoire des bonnes volontés ne fait pas une politique, sans négliger le fait que les bonnes volontés s'usent au fil du temps. La distance entre le statut réel et le métier formel est d'autant plus grande que les chefs d'établissement peuvent inciter sans avoir vraiment de pouvoir, et que, dans l'enseignement secondaire, l'inspection ne tient compte, en principe, que de la qualité du cours.

Les enseignants sont donc placés au cœur d'une tension entre leur métier réel et leur statut formel et il n'y a probablement que dans les « bonnes classes » des « bons lycées » que les deux se rejoignent un peu. Pour réduire cette tension, il importe de redéfinir le statut fixé en 1950 en se fondant sur les tâches réelles des enseignants. Beaucoup résistent, craignant de voir leur travail s'alourdir considérablement et de voir limiter leur autonomie. Beaucoup ont aussi le sentiment que cette redéfinition serait une rupture du contrat signé lors de leur recrutement. On peut comprendre ces craintes, mais on peut imaginer que les enseignants ne travaillent pas plus mais travaillent mieux et que leur activité soit véritablement reconnue et gérée par l'organisation, si leur statut devient plus conforme à leur métier. On peut aussi imaginer que ce nouveau statut concerne les nouveaux personnels recrutés et qu'il soit accompagné d'une amélioration des revenus des personnels puisque toutes les activités étrangères à la seule classe seraient reconnues en même temps qu'elles seraient exigées. Rappelons que, si bien des enseignants des pays qui nous entourent sont mieux rétribués que les enseignants français, c'est aussi parce que l'on attend d'eux plus de temps de présence et plus d'activités alors que ceux qui, chez nous, travaillent autant que leurs collègues étrangers ne se sentent pas reconnus.

Quels seraient les avantages d'un statut plus proche du métier réel ? Le premier serait de savoir ce que l'on attend vraiment des enseignants et d'élargir ainsi le champ des compétences professionnelles : faire la classe, aider les élèves en petits groupes, participer à des enseignements pluridisciplinaires, monter des projets, travailler avec les parents et avec des élèves aux besoins particuliers… Les enseignants travaillant dans les établissements les moins faciles seraient sans doute heureux de voir reconnues ce que d'aucuns considèrent comme des tâches indignes. On peut aussi imaginer que la gestion du temps de travail échappe au carcan du service hebdomadaire, tant pour les élèves, que pour les enseignants – le développement des modules et des activités pluridisciplinaires ne pouvant guère se couler dans le rythme actuel des emplois du temps. Enfin, le temps de formation professionnelle pourrait participer de cette nouvelle définition du statut et les enseignants pourraient plus facilement évoluer, ou changer de métier au cours de leur carrière. Rappelons que cette définition du statut par les exigences réelles du métier règne dans la plupart des pays dont nous envions l'efficacité et l'équité en matière d'école.

Sans cette mutation, qui n'a aucune raison d'être brutale, l'école continuera à déléguer à d'autres ce qu'elle ne fait pas et, à terme, le métier sera perçu comme de plus en plus difficile et comme de moins en moins reconnu. Ceux qui ne veulent pas s'engager au-delà de leur statut continueront à le faire, et les autres auront de moins en moins de raisons de s'engager puisqu'ils le font « gratuitement ».

Des établissements et des équipes

Construite comme une Église à laquelle se serait ajouté le centralisme napoléonien, l'école française a longtemps considéré que l'établissement scolaire n'était qu'un échelon administratif entre le centre et les individus. Dans ce cadre, l'établissement gère les ressources, les emplois du temps et les groupes d'élèves sans prétendre être un acteur pédagogique, puisque tout est dans les programmes et les examens nationaux, ni un acteur éducatif puisque, en dehors de militantismes exceptionnels, les établissements n'offrent pas grand-chose aux élèves. Le chef d'établissement est un collègue plus ancien faisant l'interface entre les enseignants, l'intendance, le rectorat et l'inspecteur d'académie ; la discipline est confiée à un surveillant général dont c'est la seule fonction.

Depuis les années 1980, une certaine autonomie a été accordée aux établissements : leurs chefs ont été formés, les surveillants généraux ont été remplacés par les conseillers principaux d'éducation (CPE), des conseils d'école et des conseils d'administration ont été créés dans lesquels siègent des enseignants, des parents et des représentants des mairies, des départements et des régions. *A priori*, les établissements disposent de tous les outils leur permettant d'être de véritables unités pédagogiques. On pourrait penser que nous sommes sortis du double modèle napoléonien et républicain en faisant des établissements de véritables communautés éducatives capables de décliner localement et de manière originale une politique nationale.

Or, bien que quelques établissements fonctionnent comme des communautés éducatives relativement autonomes, le vieux modèle institutionnel continue à s'imposer dans les mœurs, sinon dans les textes. Comme le dit le responsable du principal syndicat des chefs d'établissement : « L'autonomie des établissements publics est plutôt vécue comme une délégation locale de la gestion des complications [1]. » L'écrasante majorité des établissements ne sortent pas des clous parce que la démarche est trop lourde, trop compliquée, trop difficile à mettre en œuvre puisque, en supposant que l'équipe adhère au projet, les établissements innovants deviennent rapidement des établissements « expérimentaux » placés sous le contrôle rigoureux de l'administration, devant se justifier sans cesse alors que les établissements routiniers et un peu médiocres ont sans aucun doute une vie plus facile.

Si l'on pense que le temps où la seule instruction dans un sanctuaire faisait aussi office d'« éducation morale », selon les mots de Durkheim, est désormais révolu, le cœur du système doit se déplacer sur l'établissement. Cela ne signifie pas que l'établissement peut faire ce qu'il veut et se libérer des règles générales, mais qu'il doit être en mesure de renforcer le sentiment d'appartenance des maîtres et des élèves à la même communauté éducative. Or, ce sentiment est particulièrement faible en France. Il importe pour ce faire que la discipline ne soit pas déléguée aux seuls CPE, qu'elle soit l'affaire de tous, que la

1. Philippe Tournier, secrétaire général du SNPDEN, AEF, 3 mars 2015.

vie périscolaire cesse d'être périphérique et marginale, que les professeurs s'accordent *a minima* sur leurs manières d'évaluer et sur les objectifs qu'ils se fixent. Il importe que la « loi » soit celle de l'établissement, que les parents soient mobilisés pour la soutenir et soient donc entendus, et que les élèves le soient aussi. Encore une fois, rappelons que bien des établissements y parviennent et que cela n'est pas une utopie de « pédagos ». Si l'école n'est plus un sanctuaire et si elle doit s'ouvrir, c'est elle qui doit garder les clés des relations avec son environnement, ce qui suppose que l'établissement existe.

Mais, comme pour ce qui est du statut des enseignants, la création des établissements exige que des règles générales de fonctionnement du système soient sensiblement revues. La principale difficulté tient au mode d'affectation des enseignants et des membres des équipes éducatives. Quand on sait que, dans les académies les plus difficiles, 50 % des chefs d'établissement demandent leur mutation tous les ans et que ce taux est encore plus élevé chez les enseignants, comment construire des établissements stables et fonctionnant comme des équipes ? D'un côté, on affirme vouloir des établissements autonomes, de l'autre, le mode d'affectation des fonctionnaires bride sans cesse cette autonomie. Personne n'ignore que cette question est tenue pour un *casus belli* par les syndicats majoritaires et qu'elle engage de grandes difficultés de gestion. Mais rien n'interdit un minimum de concertation et d'accord entre les professionnels et les établissements qui les accueillent. L'affectation choisie ou relativement choisie par l'enseignant et l'établissement ne serait pas plus arbitraire que l'affectation par un ordinateur comptabilisant les points d'ancienneté, le nombre d'enfants et le statut matrimonial. D'ailleurs, on multiplie les « postes à profils » pour tourner les difficultés actuelles et on peut rappeler que les universités recrutent les enseignants-chercheurs sans que l'égalité républicaine en soit menacée ; en tout cas, ce n'est pas là ce qui la menace le plus dangereusement.

Bien sûr, se posera le problème des établissements « difficiles ». Mais il serait bon que le problème se pose frontalement plutôt que d'être sans cesse évité. Et s'il faut « donner plus » à ceux qui travaillent dans les conditions les plus difficiles, pourquoi pas ? Personne n'ignore que « l'égalité républicaine » et l'équivalence formelle de tous les établissements cachent, en réalité, les plus grandes inégalités.

Entre les normes et l'évaluation

Dans une organisation développant l'autonomie professionnelle des enseignants et celle des établissements, quel doit être le rôle de l'administration centrale ? Dans le modèle républicain, le centre, la rue de Grenelle, agit par des normes et des règles universelles et par le contrôle de leur application par les voies de l'inspection. La première dimension ne pose pas de problèmes : les objectifs de l'école doivent être fixés par une politique nationale issue de la volonté populaire. C'est même la raison d'être de l'enseignement public.

En revanche, le contrôle par l'inspection s'apparente à un contrôle de conformité aujourd'hui ritualisé, notamment dans l'enseignement secondaire. Chaque enseignant est inspecté tous les sept ou huit ans au cours d'une leçon préparée à l'occasion et il obtient une note située dans une fourchette définie par son ancienneté et ses notes antérieures. Ce rite est souvent vécu avec beaucoup d'anxiété, même s'il arrive que les professeurs en retirent la satisfaction de parler, pour une fois, de leur travail. Aux yeux des organisations professionnelles enseignantes, ce mode de contrôle, parfois un pcu humiliant et infantilisant, présente l'avantage de restreindre le contrôle aux spécialistes de la discipline et du corps, et surtout de protéger des jugements plus incertains des collègues, des chefs d'établissement, des familles et, pourquoi pas, des élèves. Bien sûr, avec la multiplication des dispositifs, les inspecteurs font bien autre chose qu'inspecter : ils initient les dispositifs, discutent avec les élus intervenant dans les questions scolaires… ce qui contribue à ritualiser plus encore une inspection qui a lieu cinq ou six fois dans une carrière. L'inspection a un pied du côté de l'« immobilisme » et de la défense des traditions, et un pied du côté de la « fébrilité ».

Si l'établissement devient le cœur du système, le pilotage doit moins reposer sur la conformité aux normes que sur l'évaluation des résultats des établissements en termes de performance, d'équité, mais aussi en termes éducatifs. Cette évaluation pourrait être conduite régulièrement par l'inspection, par des membres de la communauté scolaire, par des spécialistes de l'éducation et par une instance indépendante ne se bornant pas à collecter des indicateurs statistiques. Dès lors que l'établissement ferait sienne cette évaluation, celle-ci aurait moins pour finalité de sanctionner les écarts à la règle que d'aider les équipes à fixer leurs objectifs et à corriger la politique de l'établissement. Dans ce cadre, l'évaluation individuelle ne concernerait que les cas particuliers nécessitant d'être aidés, l'essentiel étant la nature du « contrat » singulier entre le centre et chaque établissement.

L'évaluation à laquelle participeraient, pour une part, les membres de l'établissement pourrait limiter les dérives technocratiques liées à cette pratique : l'obsession des chiffres et des indicateurs n'empêchant pas de tricher. Elle permettrait aussi au centre de piloter plus efficacement le système en déclinant les objectifs généraux définis par le ministère dans des contextes locaux et d'affecter une part des ressources en fonction des besoins et des objectifs des acteurs. Là encore il restera à convaincre les acteurs des bienfaits de ce système : le centre, ici représenté par le rectorat, pourrait accroître sa capacité d'action, les professionnels seraient mieux soutenus et reconnus que par un contrôle de conformité qui les protège sans doute, mais ignore aussi la réalité de leur travail. Si la formule « établissement sous contrat » n'était pas réservée à l'enseignement privé, rien n'empêcherait que tous les établissements signent un contrat avec les autorités de tutelle, un contrat qui les engage véritablement sur des objectifs et sur un projet. Un contrat qui engage aussi les tutelles à les soutenir et à les aider.

On pourrait penser que les problèmes d'organisation de l'école ne sont que des affaires de management. Il n'en est rien, car l'organisation donne son sens à l'école elle-même. Le modèle républicain centralisé et bureaucratique correspondait à une forme scolaire, à un cadre, à un exercice professionnel et à une conception de l'éducation. Il mettait en musique une conception de la culture et des savoirs, une conception de la vocation professionnelle, une représentation implicite de la socialisation et de la subjectivation des élèves. Si l'organisation doit changer, ce n'est pas seulement parce qu'elle est lourde et peu efficace, c'est parce que l'éducation elle-même a changé de nature : les murs du sanctuaire scolaire se sont lézardés, le métier déborde le statut, la culture scolaire perd son autorité, les voies de l'école libératrice ne sont plus celles du passé. Plutôt que de mesurer sans cesse la distance qui sépare l'école de ses idéaux, essayons de construire une institution nouvelle : accordons le statut des enseignants à leur métier, ne confions pas la formation des équipes éducatives aux seules circonstances et donnons aux établissements la capacité d'agir et d'instituer un projet éducatif.

10. Rétablir la confiance démocratique

Il est dans la nature de l'école d'être à l'écart de la société, d'être homogène dans un monde divers et conflictuel, et de promouvoir une culture et des valeurs résistant aux passions et aux intérêts de chacun. De ce point de vue, le modèle républicain a largement protégé l'école en la constituant comme un sanctuaire. Pourtant, depuis longtemps déjà, l'idéal du sanctuaire ne résiste pas : les formations professionnelles doivent réagir sans cesse aux mutations des technologies et du marché du travail auxquelles elles préparent les élèves ; dans l'enseignement supérieur, les BTS, les IUT, les licences et les masters pro, sans oublier toutes les écoles, petites et grandes, qui tirent toute leur attractivité de leur proximité avec les entreprises. Bien des écoles privées fondent leur succès sur leur capacité de suggérer aux parents qu'ils auront leur mot à dire sur le fonctionnement de l'école. De manière générale, à l'école élémentaire, au collège et au lycée, le sanctuaire ne peut être sourd aux demandes des parents, aux industries de la culture et de la communication, aux problèmes sociaux et aux dispositifs multiples qui prennent en charge les élèves après les heures de classe.

Il importe donc de redéfinir le territoire de l'école, non pour revenir vers un sanctuaire, d'ailleurs largement imaginaire, mais pour savoir ce qui relève de la responsabilité de l'école et ce qui n'en relève pas. Si l'école doit ouvrir ses portes, ne serait-ce que parce qu'elle ne peut pas faire autrement, elle doit en tenir les clés. À la confiance républicaine dans une institution surplombant la société, doit se substituer une confiance démocratique mobilisant les citoyens autour de l'école.

Élargir la communauté scolaire

Le jeu de rôles entre les enseignants et les parents semble bien établi. Au prix de quelques caricatures, il se présente ainsi. Pour les enseignants, soit les parents en font trop, se mêlent de tout, se croient compétents, méprisent les maîtres de leurs enfants ; soit les parents sont « démissionnaires », absents et incompétents. Pour les parents, soit les enseignants sont laxistes, dilettantes, difficiles à joindre ; soit ils sont autoritaires, hautains, prompts à faire la leçon et vaguement méprisants. Quand les parents sont aussi des enseignants, les accusations croisées ne faiblissent pas. Au contraire.

Ce jeu de rôles ne signifie pas que les relations entre les parents et les enseignants seraient partout et toujours mauvaises. Elles sont généralement confiantes et chaleureuses dans les petites classes, mais elles se tendent et se distendent souvent au collège et au lycée. Même si les associations de parents sont désormais reconnues et participent aux divers conseils des établissements, cette participation laisse de côté un grand nombre de parents qui ne se sentent pas capables de contribuer à la vie scolaire. La plupart du temps, ils ne se croient pas compétents et craignent de n'être pas entendus ; ayant parfois vécu des expériences scolaires pénibles, ils ont peur d'être mal jugés et d'être tenus pour responsables des difficultés de leurs enfants.

L'école a cependant le devoir d'associer les parents, pas seulement parce que ce serait une affaire de principe, mais aussi parce que cette association est utile à la bonne scolarité des jeunes élèves. L'association repose d'abord sur un impératif d'explication. On ne peut solliciter les parents sans leur dire précisément ce que l'on attend d'eux. On ne peut se contenter de leur demander de « surveiller » les devoirs et d'« aider » les enfants à faire leurs exercices et à réviser leurs leçons. Si ces formules ont du sens pour les parents des classes moyennes diplômées – et encore ! –, elles n'en ont pas pour les familles moins favorisées. Il est donc nécessaire de dire aux parents ce que l'on attend d'eux en sachant qu'ils ne sont pas des adjoints d'enseignement. Rien n'empêche de multiplier les rencontres avec les parents, y compris dans les classes, pour dire ce que l'on y fait et comment on s'y prend. Les parents devraient savoir quels sont les objectifs visés, les méthodes choisies, les formes d'évaluation et leur rythme afin qu'une sorte de pacte éducatif les lie à l'école.

Bien sûr, tous les parents ne seront pas mobilisés, mais l'expérience démontre que les maîtres et les professeurs qui prennent le temps de parler et de dire ce qu'ils font finissent par être entendus par plus de parents qu'ils ne le pensaient. On sait que les fêtes scolaires de fin d'année se déroulent souvent dans un climat chaleureux parce que les parents ne s'y sentent pas jugés. Mais pourquoi ces fêtes ont-elles lieu à la veille des vacances, quand on sait qu'elles n'auront pas d'effet durable sur la confiance envers l'école et comme si la convivialité était une récompense ?

Contrairement à quelques idées reçues, les parents, et les grands-parents, des élèves ne sont pas tous incompétents, même s'ils ne sont pas tous diplômés. Pourquoi ne pas utiliser leurs aptitudes et leur bonne volonté pour qu'ils parlent aux élèves de leur métier, de leurs voyages, de leurs lectures, de leurs passions, pour qu'ils animent des ateliers ou prennent soin du jardin potager de l'école maternelle ?... Pourquoi ne pas les mobiliser autour de l'école ? On rétorquera que ce serait là donner un privilège aux parents les mieux formés, les mieux informés et les plus disponibles. Mais ce privilège existe déjà dans une sorte de connivence cachée entre l'école et les classes moyennes, et rien ne prouve que dans les quartiers défavorisés les parents n'aient jamais rien à dire et à apporter ; ils n'ont rien à apporter parce qu'on ne leur demande souvent rien de plus que de faire des gâteaux pour les fêtes. La confiance dans l'école peut et doit être reconstruite avec les parents tels qu'ils sont. Ces idées n'ont rien d'utopique ni de révolutionnaire, certaines écoles ouvrent leurs portes toutes les fins de semaines et les parents se sentent alors solidaires de « leur » école et de « leurs » enseignants.

Dans *L'Élève humilié*, Pierre Merle montre comment les élèves disposent de droits que, dans la plupart des cas, ils ne revendiquent pas parce qu'ils ne sont pas entendus et finissent par ne pas vouloir être entendus. En fait, ils n'y croient pas et apprennent à négocier avec le conseiller principal d'éducation, simultanément surveillant, psychologue et travailleur social, qui règle les problèmes entre les élèves et entre les élèves et les enseignants. Bien sûr, les élèves ne sont pas les égaux des enseignants, et ils ne le revendiquent d'ailleurs pas. Mais de leur point de vue, l'école est trop souvent un espace de non-droit, puisque rien de sérieux n'y est négociable : les contrôles s'accumulent la même semaine, les emplois du temps ne sont pas toujours faits à leur avantage, les élèves faibles n'ont guère plus de chances d'être entendus que ceux qui sont harcelés par leurs camarades, les enseignants « caractériels » ou méprisants ne sauraient être mis en cause, même quand personne n'ignore leur « tempérament difficile »… Il est répondu aux élèves que c'est ainsi, que les horaires sont trop compliqués, que les professeurs font au mieux et que l'on n'y peut rien ! Dès lors, l'école de la République n'est certainement pas vécue comme une école démocratique et les élèves apprennent vite à « s'écraser » et à ruser, à frauder et à se venger, puisqu'ils savent qu'ils ne seront pas entendus. Plus ou moins sagement, ayant le sentiment de n'avoir guère de droits, ils apprennent à n'avoir aucun devoir ; ils se soumettent sans trop y croire ou s'engagent dans une résistance sourde que les adultes sont bien obligés de tolérer. Là encore, la mise en œuvre d'une démocratie scolaire, nécessairement limitée, n'est pas un geste révolutionnaire « soixante-huitard », c'est la construction élémentaire et progressive d'une citoyenneté. Bien des établissements montrent que cet espace démocratique légitime l'école et l'autorité des maîtres bien plus qu'il ne les déstabilise.

La confiance dans l'école reposait sans doute sur le respect dû aux institutions incarnant le savoir, la nation et l'autorité de l'État. Quand la société est plus démocratique et quand l'école joue un rôle décisif dans la vie de chacun, l'emprise de l'école s'accroît et la confiance envers l'institution faiblit d'autant plus que chacun se sent capable de juger et que les informations sur les inégalités et les lacunes du système sont largement accessibles. L'établissement de la confiance ne se décrétera pas et il est vain d'attendre que l'école soit un jour parfaite et capable de répondre à toutes les demandes qui lui sont adressées. Il faut donc établir la confiance « par le bas », par le pacte éducatif que chaque établissement passe avec les parents, avec les élèves et, au-delà, avec tous ceux que l'école mobilise et dont elle attend le soutien. Si le mot communauté n'avait pas, en France, aussi mauvaise réputation, nous pourrions dire que l'école doit accepter la communauté afin d'être soutenue par elle.

L'école : l'affaire de tous

Qui peut parler de l'école en ayant quelque chance d'être entendu ? À première vue, la réponse est simple : tous les citoyens, puisque l'école est l'affaire de tous dans une société démocratique. En réalité, l'espace du débat public est nettement plus étroit car, bien que chacun soit plus ou moins directement concerné, la parole autorisée sur l'école ne se déploie que dans un cercle étroit. Il y a d'abord le cercle des spécialistes et des experts, dont les auteurs de ces lignes font partie ; ils parlent généralement au nom de ce qu'ils savent à partir de leurs recherches et de la production scientifique. Plus large, il y a le cercle des intellectuels intervenant dans le débat scolaire au nom de la défense de la culture, de la science et des valeurs universelles ; leur œuvre et leur excellence scolaire passée fondent leur autorité. Généralement, les « experts » pensent que les « intellectuels » sont conservateurs et ignorent tout de l'école actuelle, alors que les « intellectuels » pensent que les « experts » manquent fâcheusement de hauteur de vue. À ces cercles s'ajoutent, à la rentrée de septembre notamment, celui des témoins, des enseignants qui parlent de leur expérience et souvent de leurs déceptions. Tous ces acteurs autorisés du débat scolaire ont un point commun : ils sont scolairement légitimes, car on suppose qu'ils s'appuient sur un passé scolaire honorable, sinon glorieux.

Tout ceci est très bien : mieux vaut savoir de ce dont on parle. Cependant ces cercles excluent radicalement du débat public toutes celles et tous ceux qui ne peuvent se targuer d'avoir réussi à l'école. Non seulement il leur est difficile de parler, mais il leur est plus difficile encore d'être entendus, tant les échecs scolaires, réels ou supposés, invalident ce qu'ils pourraient dire. D'ailleurs, ils ne s'autorisent même pas à parler puisque l'absence ou la faiblesse de leurs diplômes ne leur a conféré, à leurs propres yeux, aucune légitimité en matière scolaire. Ainsi, le débat public scolaire exclut la plus grande partie de la population et cela d'autant plus facilement que cette population s'exclut d'elle-même. Évidemment, cela n'est pas sans effets sur le débat lui-même et explique notamment le tropisme élitiste des grandes querelles scolaires : on y parle beaucoup plus volontiers des classes préparatoires, du latin, de la place de l'histoire dans les filières scientifiques, de la « diversité » dans les grandes écoles, que de la place des stages dans les formations professionnelles, de l'absence de l'histoire et de la philosophie dans certaines de ces formations, de l'homogénéité « ethnique » et « genrée » de certaines filières, de l'adéquation entre les formations professionnelles courtes et l'emploi… La raison en est simple : à de rares exceptions près, les anciens élèves de cette face cachée du monde scolaire ont appris qu'ils n'avaient rien à dire en matière scolaire.

En toute logique, les mécanismes de la représentation syndicale et associative devraient donner un accès indirect au débat public à tous ceux qui ne disposent ni des ressources ni du capital nécessaires à une prise de parole directe. C'est là le rôle des syndicats, de quelques associations et, dans une moindre mesure, de quelques mouvements pédagogiques. Tout le problème vient de ce que cet espace de débats et de consultations est totalement endogène au système scolaire : n'y parlent et n'y sont entendus que les acteurs de l'école et ceux qui en vivent. Or, autant il va de soi que les professionnels de l'éducation ont, à la fois, des intérêts et des compétences qui en font des acteurs centraux, autant il n'est pas acceptable que l'école finisse par ne discuter qu'avec elle-même. On sait bien que chaque « grande affaire » finit par n'être négociée qu'entre le ministre et les responsables des syndicats majoritaires. Les divers usagers de l'école n'apparaissent que de manière marginale, souvent suspecte, ou par la voix fluctuante des sondages. Une institution essentielle, concernant la plupart des citoyens et mobilisant une part importante des ressources publiques, finit par ne consulter qu'elle-même. C'est pour échapper à cette fermeture que, de temps en temps, le ministère organise des consultations et de grands débats, met en place des commissions, demande des rapports… Mais, à la fin, tout finit par se négocier dans l'entre-soi de l'institution et de son jeu politique. Il suffit de voir ce qu'il est advenu des rapports Prost, Bourdieu, Meirieu, Dubet, Thélot, Descoing… et de la « grande » consultation sur la « Refondation de l'école » pour se convaincre du caractère imperturbable du processus de réduction du débat.

On pourrait souhaiter que le débat scolaire soit élargi à d'autres qu'à ceux qui travaillent à l'école et vivent de l'école. La division du travail syndical en France fait que les confédérations syndicales ne s'autorisent guère à parler de l'école, abandonnant ce rôle aux seuls syndicats d'enseignants. Dès lors, on ne sait guère de quelle formation les futurs salariés pourraient avoir besoin, de quel socle et de quelles spécialités ils devraient être armés, de quels agendas de formation ils devraient bénéficier. De la même manière, les organismes de formation destinés aux adultes et à la formation tout au long de la vie devraient être plus fortement associés aux débats scolaires si on admet que la vie ne s'arrête pas après l'école. Les employeurs sont souvent plus entendus que les salariés, mais il reste que leurs demandes sont largement perçues comme suspectes quand on s'éloigne des formations professionnelles les plus précises et des écoles les plus prestigieuses. On pourrait aussi accorder plus d'attention à la voix des mouvements pédagogiques et des mouvements d'éducation populaire, et cela d'autant plus qu'ils sont sans cesse sollicités par le périscolaire où se gèrent les lacunes de l'école.

Il va de soi que l'élargissement du débat sera aussi celui des désaccords et des conflits. Plutôt que de craindre le désordre, on peut penser que cette ouverture élargirait le sentiment que l'école est l'affaire de tous, que tous peuvent dire comment, à leurs yeux, devraient être formées les nouvelles générations. Ce ne serait pas empiéter sur l'autonomie et le professionnalisme des enseignants que de mettre en débat les finalités de l'éducation scolaire, mais ce serait peut-être une manière de construire la confiance dans l'école et, dans quelques cas, de déplacer les axes des vieilles querelles scolaires. Sommes-nous certains que le serpent de mer opposant « républicains » et « pédagogues » ait la moindre pertinence en dehors des salles de profs et des tribunes de quelques grands journaux ? Où se discute le calendrier scolaire réduisant sans cesse le nombre de jours de classe et alourdissant les journées de travail des élèves ? Où se décide le temps des vacances qui permettent à 5 % des Français d'aller skier, tandis que les autres n'ont souvent le choix qu'entre le centre aéré et le centre aéré, sauf s'ils ont une grand-mère sous la main ?

La responsabilité politique

Les politiques scolaires ne dépendent pas directement des fluctuations des marchés financiers, elles ne dépendent guère des normes internationales, même quand on les appelle à la rescousse pour justifier un projet de réforme. L'éducation reste un des rares champs politiques relevant encore pleinement de la souveraineté des États nationaux. Il suffit de lire la littérature internationale spécialisée et de voyager un peu pour s'apercevoir que, si tous les systèmes scolaires ont des problèmes d'équité et d'efficacité et que, si presque partout les enseignants se sentent menacés par les mutations culturelles et sociales qui affaibliraient l'école, les styles pédagogiques, les traditions scolaires, les conceptions mêmes de l'éducation sont profondément enracinés dans des histoires et des cultures nationales. En revanche, certaines sociétés semblent avoir la capacité d'affronter leurs difficultés alors que d'autres paraissent paralysées.

La situation de la France peut sembler paradoxale. D'un côté, il n'est guère de pays qui ne semble autant lier son destin à celui de son école, histoire républicaine oblige ; de l'autre, il n'est guère de pays qui ne décrive avec autant de complaisance les faiblesses de son système éducatif tout en paraissant aussi peu capable d'agir. Chaque nouvelle enquête Pisa et chaque rapport de la Cour des comptes sont largement relayés par les médias, mais tout se déroule comme si, une fois ces frémissements passés, il semblait quasiment impossible d'agir. Alors que les campagnes électorales présidentielles se jouent généralement sous le règne de la volonté et des promesses de rupture, l'école est à l'écart de ces enjeux. On comprend aisément cette prudence : les enseignants sont des électeurs et des relais d'opinion, et chacun sait que les intérêts scolaires des divers groupes sont si contradictoires qu'il est impossible de ne pas déplaire. Le risque politique d'une déstabilisation des équilibres scolaires est donc perçu comme trop important pour que l'école soit au centre d'un agenda politique. Silence sur la question scolaire entre Jacques Chirac et Lionel Jospin en 2002, pas grand-chose entre Ségolène Royal et Nicolas Sarkozy en 2007, 60000 postes contre austérité et « rétablissement de l'autorité » entre François Hollande et Nicolas Sarkozy en 2012… L'école pourrait mériter plus et mieux, alors que les idées abondent grâce aux mouvements pédagogiques, aux *think tanks*, à l'expertise accumulée par le ministère lui-même et que la note de la France ne sera pas dégradée si on rapproche le collège de l'école élémentaire ou si on change la formule du baccalauréat.

Ici, parce qu'il n'y a pas d'autre recours, il ne reste plus qu'à en appeler au courage et à la responsabilité politiques qui ne consistent pas à promettre de grandes ruptures, mais à tracer un projet et à dessiner un mouvement donnant du sens à quelques inflexions cruciales. Certaines réformes à première vue timides ouvrent des changements décisifs, alors que d'autres, paraissant plus spectaculaires, ne seront guère appliquées et décourageront les bonnes volontés. Au rythme des changements scolaires, le quinquennat est un temps court et la restauration de la confiance inviterait à promettre peu de chose, mais à s'y tenir, à renoncer à laisser son nom à une réforme, tout en cédant devant les premiers obstacles. Le jour où la ou le ministre de l'Éducation aura acquis la durée de vie politique d'un quinquennat afin de tenir trois engagements essentiels, nous aurons tous, de nouveau, confiance dans la politique et dans l'école.

La confiance ne se décrète pas, elle se construit et dans les régimes démocratiques elle repose sur l'efficacité et la justice des institutions, mais pas seulement. Elle exige un minimum d'adhésion, le sentiment individuel d'avoir partie liée avec les institutions. Alors que l'école a bénéficié d'une légitimité quasi religieuse, en tout cas dérivée du religieux, elle semble aujourd'hui ne rechercher la confiance et le soutien des citoyens que dans son efficacité et son équité pour chacun. Mais cette confiance utilitaire n'est pas suffisante et risque de décevoir, car toutes les promesses ne seront jamais tenues. L'école ne peut pas tout, elle n'a ni la vocation ni le pouvoir de sauver le monde ; elle doit être simplement une bonne école soutenue par ceux qui y travaillent, qui y étudient et, bien au-delà, par tous les citoyens. C'est ce travail démocratique, souvent modeste et local, qu'il faut entreprendre patiemment dans chaque école et dans le travail politique lui-même.

Conclusion

En dépit des comparaisons internationales peu flatteuses, des constats critiques des enquêtes et des rapports officiels souvent peu complaisants, en dépit des plaintes et des difficultés de nombreux élèves, des déceptions de leurs parents et des enseignants, l'école française semble avoir de très grandes difficultés à se réformer. Même les projets les plus timides se heurtent à de fortes résistances, comme si, chaque fois, l'avenir même de la culture, de la nation et de la République était en jeu. Cette passion scolaire française est une force : elle prouve combien nous croyons dans l'école. Mais elle est aussi une faiblesse, car l'image que nous avons de l'école est si haute et ce que nous en attendons est si ambitieux que tout changement est perçu comme une menace.

Il est vrai que l'imaginaire d'une école républicaine d'autant plus parfaite qu'elle s'éloigne finit pas nous paralyser. Bien des enseignants, bien des parents et quelques responsables politiques ont du mal à imaginer que l'école puisse devenir autre chose que ce que sa grandeur passée lui imposerait d'être : toucher à l'école, c'est toujours l'affaiblir. Cette nostalgie scolaire est d'autant plus robuste qu'elle rencontre une foule d'intérêts bien compris, et d'abord ceux des catégories sociales qui bénéficient le plus des inégalités scolaires et de leur reproduction entre les générations. On comprend alors pourquoi les mobilisations contre les réformes sont si fortes et si systématiques et pourquoi les politiques ont tant de mal à convaincre du bien-fondé de leurs projets de changement.

Pourtant, il faut changer de modèle scolaire, non pas pour le plaisir de réformer, pour laisser un nom dans l'histoire scolaire, ou pour complaire aux critères internationaux mis en œuvre par les évaluations comparées. Il faut changer d'école parce que trop d'élèves y échouent, y apprennent mal ou peu, parce que l'école est trop inégalitaire et parce que son projet éducatif lui-même semble parfois s'effacer devant la rigueur des mécanismes de la machine à sélectionner et à décourager les élèves et de l'angoisse qu'elle inspire à beaucoup.

La question de la transmission doit être posée à nouveaux frais, et pas seulement pour s'adapter aux nouvelles technologies et à l'évolution des élèves eux-mêmes. L'école doit être capable de transmettre ce à quoi nous tenons, afin que les élèves poursuivent leurs études bien sûr, mais aussi pour qu'ils se préparent à la vie sociale et professionnelle qui les attend après l'école. Les programmes doivent fixer des exigences et pas seulement des ambitions atteintes par une infime minorité des élèves, ceux qui parfois auraient le moins besoin de l'école. L'autonomie professionnelle des maîtres exige que leurs pratiques et leurs méthodes soient éclairées par la recherche, par leurs réflexions collectives et par leur formation continue. La liberté pédagogique suppose que les professionnels connaissent bien les outils et soient en mesure de les choisir et de les évaluer à l'aune des réussites de leurs élèves. Dans cet esprit, le changement de modèle scolaire exige que la formation des enseignants soit avant tout définie comme l'apprentissage d'un métier exigeant des compétences académiques, bien sûr, mais ne s'y réduisant pas, et non comme une conversion plus ou moins tardive de ces compétences vers l'enseignement. Comme tous les métiers très qualifiés, celui des enseignants exige une longue formation et doit donc s'apprendre dans une école recrutant tôt, peu après le baccalauréat.

En France, les inégalités scolaires ne reproduisent pas seulement les inégalités sociales, elles les accentuent. Il importe donc de s'efforcer d'éradiquer toutes les pratiques et les formes d'organisation qui accentuent ces inégalités, il faut garder tous les élèves ensemble le plus longtemps possible et rééquilibrer l'attribution des moyens en faveur de l'école primaire et des établissements les plus fragiles, alors que nous donnons généralement plus aux mieux lotis. L'égalité entre les filles et les garçons ne doit pas rester un point aveugle de nos pratiques ou un champ d'affrontement idéologique sur la « théorie du genre » ; elle exige que tous les élèves soient considérés comme des individus capables de se former et d'élaborer leurs projets, sans être écrasés par les stéréotypes. Au moment où la laïcité est mise à mal, où la tentation de confondre laïcité et identité nationale risque de l'emporter, l'école doit instaurer une manière de vivre ensemble qui affirme simultanément les droits de l'individu et la reconnaissance des singularités. La citoyenneté est un apprentissage de la vie commune autour des droits et de la tolérance, bien plus que l'adhésion à des principes transcendants que les pratiques scolaires quotidiennes démentent souvent.

L'école républicaine portait un projet éducatif : la formation des citoyens par l'adhésion aux valeurs universelles de la culture classique et de la nation. Cet idéal s'est effacé devant l'emprise même de l'école, quand les diplômes deviennent le passeport indispensable à l'accès à l'emploi. Il est évident que cette logique découle de la massification scolaire elle-même puisque chacun est tenu d'être diplômé. Cependant, il importe d'y résister en rappelant que le diplôme n'est pas tout et que tout ne doit pas être joué au terme des études. Il faut que les élèves ne soient pas enfermés dans des parcours, des filières et des options qui semblent tout déterminer et auxquels on n'échappe que par l'échec ou le décrochage. C'est pour cette raison que tous les élèves doivent être considérés comme étant capables d'apprendre et de réussir et que tout doit être fait pour que l'école reconnaisse les singularités des projets et des talents grâce au jeu des options choisies, afin aussi que le succès des meilleurs élèves n'invalide pas lourdement la formation des moins bons et l'estime qu'ils peuvent avoir d'eux-mêmes. Enfin, tout doit être fait pour que les établissements deviennent des communautés éducatives dans lesquelles les adultes permettent aux élèves de construire leurs propres expériences, leur permettent de grandir. Cela suppose que le service des enseignants soit redéfini et élargi à d'autres tâches que les seules heures de cours et que le travail prescrit tienne compte du travail réel. Une bonne politique éducative ne peut pas compter uniquement sur la générosité et l'enthousiasme de quelques-uns.

L'école républicaine a été construite comme un sanctuaire tenant son autorité des valeurs auxquelles était identifiée l'institution. Quand la force de ces valeurs décline, l'école se ferme sur elle-même et la confiance s'épuise : les individus ont moins confiance dans l'école et l'école se méfie de la société qui serait pour elle toujours une menace. Sans cesser d'être républicaine, l'école doit devenir démocratique ; pour reconstruire un lien de confiance avec les élèves, leurs parents et les acteurs sociaux, elle doit apprendre à les écouter et à leur parler, à les mobiliser et à leur donner des droits.

Le destin de ces propositions ne dépend que de nous-mêmes. Alors que la plupart des politiques sont aujourd'hui enchâssées dans des contraintes économiques internationales, dans des délégations de souveraineté et des traités qui en limitent considérablement la marge d'action, personne d'autre que nous ne peut nous empêcher de transformer l'école. Et c'est peut-être ce qui nous rend si timides puisque, pour une fois, nous sommes pleinement responsables. Nous pouvons d'autant plus choisir notre avenir que bien des établissements ont déjà mis en œuvre la plupart des propositions émises dans ce livre, à l'exception de celles qui ne relèvent pas directement de l'initiative des enseignants et des équipes.

S'il est indispensable de transformer profondément notre école afin qu'elle soit plus efficace et plus juste, sa fonction éducative doit être remise au premier plan, et nous l'avons trop oubliée devant les rigueurs de la compétition scolaire et l'obsession des diplômes. L'école doit être plus accueillante, plus éducative, elle doit être favorable à la formation des caractères et des personnalités, à l'apprentissage de la vie commune, du travail collectif, bref, d'une forme apaisée de fraternité.

Pour autant, il ne faut pas imaginer que l'école a la capacité de changer le monde et de régler tous les problèmes. Si nous devons vouloir une bonne école, nous ne devons pas espérer qu'elle change le monde à elle seule, ne serait-ce que parce que cette croyance finit par écraser l'école elle-même. En amont de l'école, le plein-emploi, l'amélioration des conditions de vie, l'aide aux familles et l'humanisation de la ville sont des facteurs décisifs de la réussite éducative. En aval de l'école, les conditions de travail, les hiérarchies professionnelles, l'enseignement supérieur et la formation tout au long de la vie déterminent indirectement, mais fortement, les attentes et les expériences des élèves. Il faut donc rappeler que si l'école ne peut pas tout, si elle ne peut pas régler la plupart des problèmes sociaux, elle a cependant le devoir d'être la meilleure école possible. C'est à ce projet que nous avons voulu contribuer.

Bibliographie indicative

Introduction

Marie-Claude Blais, Marcel Gauchet et Dominique Ottavi, *Transmettre, apprendre*, Stock, 2014.
François Dubet, *Faits d'école*, Éditions de l'École des hautes études, 2008.
Philippe Perrenoud, *L'école est-elle encore le creuset de la démocratie ?*, Chronique sociale, 2003.

1. Transmettre et préparer à la vie

François Dubet, Marie Duru-Bellat, *L'Hypocrisie scolaire*, Seuil, 2000.
Roger-François Gauthier, *Ce que l'école devrait enseigner*, Dunod, 2014.
Denis Meuret, *Pour une école qui aime le monde*, PUR, 2013.

2. Faire, plus que jamais, l'éloge de la pédagogie

Étienne Bourgeois, Gaëtane Chapelle (dir.), *Apprendre et faire apprendre*, PUF, 2006.
Centre d'analyse stratégique, « Que disent les recherches sur l'effet enseignant », Note n° 232, juillet 2011.
Marie-Christien Toczek, Delphine Martinot (dir.), *Le Défi éducatif. Des situations pour réussir*, Armand Colin, 2004.

3. Choisir le métier d'enseigner

Anne Barrère, *Les Enseignants au travail. Routines incertaines*, L'Harmattan, 2014.
Émile Durkheim, *L'Évolution pédagogique en France* (rééd), PUF, 2014.
Antoine Prost, *Le Changement dans l'école*, Seuil, 2013.

4. Éduquer ensemble

Marie Duru-Bellat, Agnès van Zanten (dir.), *Sociologie du système éducatif*, PUF, 2009 (chapitres de Bénédicte Robert, Choukri Ben Ayed et Sylvain Broccolichi, Pascal Bressoux).
Les Effets de l'assouplissement de la carte scolaire, Éducation & formations, n° 83 (numéro spécial), 2013.
Pierre Merle, *La Ségrégation scolaire*, La Découverte, 2012.

5. Construire l'égalité des sexes

Sandrine Dauphin, Réjane Sénac (dir), *Femmes-Hommes : penser l'égalité*, La Documentation française, 2012.
Marie Duru-Bellat, *L'École des filles. Quelle formation, pour quels rôles sociaux ?* L'Harmattan, 2004.
Christine Morin-Messabel, Muriel Salle (dir.), *À l'école des stéréotypes*, L'Harmattan, 2013.

6. Former des citoyens

Jean Baubérot, *Laïcité 1905-2005, entre passion et raison*, Seuil, 2004.
Jacques Ozouf, Mona Ozouf, *La République des instituteurs*, Gallimard/Seuil, 1992.
Antoine Prost, *Histoire de l'enseignement en France. 1800-1967*, Armand Colin, 1967.

7. Combattre l'hégémonie du diplôme

François Dubet, Marie Duru-Bellat, Antoine Vérétout, *Les Sociétés et leur école. Emprise du diplôme et cohésion sociale*, Seuil, 2010.
Marie Duru-Bellat, *L'Inflation scolaire. Les désillusions de la méritocratie*, Seuil, 2006.
Jean-François Giret, Alberto Lopez, José Rose (dir.), *Des formations pour quels emplois ?*, La Découverte-CEREQ, 2005.

8. Bâtir une école plus juste

Christian Baudelot, Roger Establet, *L'Élitisme républicain*, Seuil, 2009.
François Dubet, *L'École des chances*, Seuil, 2004.
Claude Thélot (dir.), *Pour la réussite de tous les élèves. Rapport de la Commission du débat national sur l'avenir de l'école*, La Documentation française, 2004.

9. Réinventer l'institution scolaire

François Dubet, *Le Déclin de l'institution*, Seuil, 2002.
André Legrand, *Le Système E*, Denoël, 1994.
Claude Lelièvre, *Les Politiques scolaires mises en examen : douze questions en débat*, ESF, 2004.

10. Rétablir la confiance démocratique

François Dubet, Danilo Martuccelli, *À l'école,* Seuil, 1996.
Philippe Meirieu, *L'éducation peut-elle être encore au cœur d'un projet de société ?* (avec Pierre Frackowiak), Éditons de l'Aube, 2008.
Pierre Merle, *L'Élève humilié*, PUF, 2005.

Table

Introduction 7

1. Transmettre et préparer à la vie 13

Le choix politique d'un projet éducatif 14
Des équilibres à trouver 17
Un menu unique ? 20
Organiser l'école du socle commun 22

2. Faire, plus que jamais, l'éloge de la pédagogie 27

Le climat de la classe fait partie du programme 27
Des pédagogies fondées sur la recherche 31
Évaluer pour faire progresser 35

3. Choisir le métier d'enseigner 39

Le métier et l'art 40
Une double déstabilisation 42
Une école professionnelle 47

4. Éduquer ensemble 53

Des classes où l'on apprend ensemble 54
Des établissements où l'on vit 56
Traiter les effets de la ségrégation... 59
... ou s'efforcer de la réduire ? 61

5. Construire l'égalité des sexes 65

L'école, une « petite société » où les élèves ont un sexe 66

Différences ou inégalités ? 68
Libérer garçons et filles des carcans sexistes 70
Quelle définition de l'égalité ? 72

6. Former des citoyens 75
La laïcité à la française. 75
Troubles dans la laïcité. 78
Impératifs catégoriques ? 80
Vivre ensemble. 83

7. Combattre l'hégémonie du diplôme 89
Une compétition pernicieuse 90
Une efficacité incertaine. 92
Un temps pour étudier, la vie pour se former. 96

8. Bâtir une école plus juste 101
Égalité des chances, égalité des résultats 102
Le commun et les singularités 105
Le bac : certificat ou concours ? 108
L'équité de l'offre. 110

9. Réinventer l'institution scolaire 115
Immobilisme et fébrilité. 116
Accorder le statut au métier 119
Des établissements et des équipes 122
Entre les normes et l'évaluation. 125

10. Rétablir la confiance démocratique 129
Élargir la communauté scolaire 130
L'école : l'affaire de tous 133
La responsabilité politique. 137

Conclusion 141

Bibliographie indicative 147

Ouvrages de François Dubet

Lutte étudiante
avec Alain Touraine (dir.), Zsuzsa Hegedus, Michel Wieviorka
Seuil, « Sociologie », 1978

La Prophétie anti-nucléaire
avec Alain Touraine (dir.), Zsuzsa Hegedus, Michel Wieviorka
Seuil, « Sociologie », 1980

Le Pays contre l'État. Luttes occitanes
avec Alain Touraine (dir.), Zsuzsa Hegedus, Michel Wieviorka
Seuil, « Sociologie », 1981

Solidarité
avec Alain Touraine (dir.), Jan Strzelecki, Michel Wieviorka
Fayard, 1982

Le Mouvement ouvrier
avec Alain Touraine, Michel Wieviorka (dir.)
Fayard, 1984

L'État et les Jeunes
avec Adil Jazouli, Didier Lapeyronnie
Éditions ouvrières, 1985

La Galère : jeunes en survie
Fayard, 1987, Seuil, « Points », n° P45, 2008

Pobladores. Luttes sociales et démocratie au Chili
avec Eugenio Tironi, Vincente Espinoza, Eduardo Valenzuela
L'Harmattan, 1989

Immigrations : qu'en savons-nous ?
La Documentation française
« Notes et études documentaires », n°4887, 1989

Les Lycéens
Seuil, « L'Épreuve des faits », 1991
« Points », n° P 303, 1992, 1996

Les Quartiers d'exil
avec Didier Lapeyronnie
Seuil, « L'Épreuve des faits », 1992

Sociologie de l'expérience
Seuil, « La couleur des idées », 1994

Universités et villes
avec Daniel Filâtre, François-Xavier Merrien,
André Sauvage, Agnès Vince
L'Harmattan, 1994

Penser le sujet. Autour d'Alain Touraine
avec Michel Wieviorka (dir.)
Fayard, 1995

À l'école. Sociologie de l'expérience scolaire
avec Danilo Martuccelli
Seuil, « L'épreuve des faits », 1996

Le Grand Refus
avec Alain Touraine, Didier Lapeyronie,
Fashard Khosrokhavar, Michel Wieviorka
Fayard, 1996

Écoles, familles. Le malentendu
avec Bernard Charlot, Philippe Meirieu, François de Singly (dir.)
Textuel, « Le penser-vivre », 1997

Dans quelle société vivons-nous ?
avec Danilo Martuccelli
Seuil, « L'épreuve des faits », 1998

Pourquoi changer l'école ?
Textuel, 1999, 2001

L'Hypocrisie scolaire
Pour un collège enfin démocratique
avec Marie Duru-Bellat
Seuil, « L'épreuve des faits », 2000

Les Inégalités multipliées
Éditions de l'Aube, 2001

Le Déclin de l'institution
Seuil, « L'Épreuve des faits », 2002

Le Rapport Langevin-Wallon
avec Claude Allègre et Philippe Meirieu
Mille et une nuits, 2004

L'École des chances.
Qu'est-ce qu'une école juste ?
Seuil « La République des idées », 2004

Injustices
L'expérience des inégalités au travail
avec Valérie Caillet, Régis Cortéséro, David Mélo, François Rault
Seuil, 2006
et « Points », n° P702, 2013

Sociologie de Bordeaux
avec Émile Victoire (pseudonyme collectif)
La Découverte, « Repères », 2007

L'Expérience sociologique
La Découverte, « Sociologie », 2007

Faits d'école
Éditions de l'EHESS, « Cas de figure », 2008

Le Travail des sociétés
Seuil, 2009

Les Places et les Chances
Repenser la justice sociale
Seuil, « La République des idées », 2010

Les Sociétés et leur école
Emprise du diplôme et cohésion sociale
avec Marie Duru-Bellat, Alain Vérétout
Seuil, 2010

À quoi sert vraiment un sociologue ?
Armand Colin, 2011

Pourquoi moi ?
L'expérience des discriminations
avec Olivier Cousin, Éric Macé, Sandrine Rui
Seuil, 2013

Inégalités et justice sociale
(dir.) La Découverte, 2014

La Préférence pour l'inégalité
Comprendre la crise des solidarités
Seuil, « La République des idées », 2014

Ouvrages de Marie Duru-Bellat

Le Fonctionnement de l'orientation
Genèse des inégalités sociales à l'école,
Lausanne, Delachaux-Niestlé, 1988

L'Hypocrisie scolaire
avec François Dubet
Seuil, 2000

Les Inégalités sociales à l'école
Genèse et mythes
PUF, 2002

L'École des filles
Quelle formation, pour quels rôles sociaux ?
L'Harmattan, 2004

Sociologie de l'école
avec Agnès van Zanten
Armand Colin, 3e ed. revue et actualisée, 2006

L'Inflation scolaire
Les désillusions de la méritocratie
Seuil, « La République des idées », 2006

Education and Equity
International Perspectives on Theory and Policy
avec Richard Teese et Stephen Lamb (dir.)
Dordrecht, Springer, 3 vol., 2007

L'Intelligence de l'enfant
L'empreinte du social
avec Martine Fournier
Éditions Sciences humaines, 2007

Les Sentiments de justice à et sur l'école
avec Denis Meuret (dir.)
Bruxelles, de Boeck, 2009

Le Mérite contre la justice
Presses de Sciences Po, 2009

Sociologie du système éducatif
Les inégalités scolaires
avec Agnès van Zanten (dir.)
PUF, 2009

Les Sociétés et leur école
Emprise du diplôme et cohésion sociale
avec François Dubet et Antoine Vérétout
Seuil, 2010

The Dynamics and Social Outcomes of Education Systems
avec J.G Janmaat, A.Green, P. Mehaut (dir.)
Londres, Palgrave, 2013

Pour une planète équitable
L'urgence d'une justice globale
Seuil, « La République des idées », 2014

RÉALISATION : PAO ÉDITIONS DU SEUIL
IMPRESSION : CORLET IMPRIMEUR S.A. À CONDÉ-SUR-NOIREAU
DÉPÔT LÉGAL : AOÛT 2015. N° 128025 (174993)
IMPRIMÉ EN FRANCE